JEAN-LUC DELARUE

CARNETS SECRETS

Préface d'Anissa Delarue

ARCHIPOCHE

www.editionsarchipoche.com

Si vous souhaitez recevoir notre catalogue
et être tenu au courant de nos publications,
envoyez vos nom et adresse, en citant
ce livre, aux Éditions Archipoche,
34, rue des Bourdonnais 75001 Paris.
Et, pour le Canada,
à Édipresse Inc., 945, avenue Beaumont,
Montréal, Québec, H3N 1W3.

ISBN 978-2-35287-483-6

Préface

J'ai rencontré Jean-Luc en 2008. C'était au Centre Pompidou, à l'occasion de l'exposition Louise Bourgeois.

Au début, notre relation fut amicale. Il est vrai que nous n'étions libres ni l'un ni l'autre.

Notre premier déjeuner eut lieu dans un restaurant italien. Jean-Luc raffolait des pâtes et de cette cuisine colorée, délicatement nourrissante, qui évoque à la fois le soleil, la convivialité et, probablement, une certaine idée de la famille. Ce rendez-vous d'amitié amoureuse le mettait mal à l'aise. Jean-Luc aimait les situations claires, sans ambiguïté ; il ne craignait pas de s'engager et de montrer ses sentiments spontanément, parfois avec un enthousiasme démonstratif. J'ai vite ressenti que j'avais un homme seul en face de moi ; entouré, saturé de relations, mais évidemment seul.

Après ce déjeuner, nous avons passé beaucoup de temps ensemble… au téléphone. Chaque jour, après ses multiples obligations professionnelles, il m'appelait. Nous passions nos nuits à parler, parler… de tout et de rien, comme le font tous les amoureux du monde. Nous nous rapprochions par la voix. Comme un enfant qui s'offre les cadeaux qu'il n'a pas reçus à Noël, il s'achetait un tableau, une statuette, une sculpture. Il me faisait partager ses découvertes, ses étonnements. Épuisés, mais ensemble, nous raccrochions à l'heure où Paris s'éveille.

Comme une évidence, nous avons décidé de tenter l'aventure de la vie commune. C'est en février 2009 que nous avons commencé à vivre ensemble rue Bonaparte. Nous avons alors partagé vingt et un jours et vingt et une nuits de symbiose, avec le sentiment que nous n'avions pas besoin de faire connaissance : nous étions l'un à l'autre.

Au terme de ces trois semaines, l'ami dont il était le plus proche a investi notre intimité. J'ai commencé à découvrir un monde qui n'était pas le mien et qui ne le sera jamais.

Jean-Luc était accaparé par ses exigences professionnelles. J'ai compris à ce moment-là qu'il était aussi submergé par l'alcool et par des addictions que je n'avais pas soupçonnées. Tenir, toujours se remettre en question, innover, surprendre, séduire, plaire… Tel est le sort de ceux qui s'exposent pour exister : ils se surexposent en permanence.

Jean-Luc n'avait pas de famille où se réfugier, de cocon pour le protéger. Il ne pouvait que se fuir lui-même, se mentir et se noyer dans ses substances toxiques. C'est alors que j'ai vu l'envers du décor : une détresse absolue, incommensurable. Et cette détresse me vrillait le cœur. Je prenais conscience que l'homme que j'aimais se détruisait jour après jour, nuit après nuit.

Au-delà de ces paradis illusoires et artificiels, il s'était entouré d'« amis » qui, à mes yeux, exerçaient sur lui une influence nocive et représentaient un poison supplémentaire dans une vie qui n'en manquait pas.

On lira, sous sa plume, que les relations de Jean-Luc avec ses peu fréquentables compagnons de route devaient beaucoup évoluer au fil des années. Les pages écrites en 2009 montrent qu'il leur était très attaché et qu'il faisait beaucoup pour eux. En revanche, après qu'il aura donné une nouvelle orientation à sa vie, laissé tomber l'alcool et la drogue, le sujet sera abordé en des termes bien différents...

Je ne supportais pas de le voir constamment envahi, jusque chez lui, de personnes qu'il croyait aimer et qui, en fait, le poussaient vers l'abîme.

C'est pourquoi notre relation s'est interrompue dès le mois de juin 2009. Triste printemps. Je suis partie vivre à l'étranger. Notre relation avait commencé par de longs échanges téléphoniques ; elle se poursuivait malgré tout à distance, par la pensée. Il ne se passait pas un jour sans que Jean-Luc m'accompagne dans mes actes quotidiens. Le souci était constant : que faisait-il, comment vivait-il... Jean-Luc ne se laissait pas oublier facilement.

À mon retour à Paris, en février 2010, nous nous sommes revus. Nous ne devions plus nous quitter.

J'ai vécu à ses côtés l'épreuve de son arrestation, en septembre de cette même année, événement qui fit les gros titres des journaux, comme tout ce qui arrivait à Jean-Luc.

Fortifiée par la conviction qu'il était l'homme de ma vie, je l'ai soutenu dans ses efforts pour se guérir de ses addictions : sa participation aux groupes de parole, son tour de France en faveur de la prévention contre la toxicomanie. Et j'étais là, fin 2011, quand s'est déclarée la maladie qui finirait par l'emporter le 23 août suivant.

Jean-Luc était un homme de télévision. Il parlait beaucoup devant les caméras, un peu moins dans la vraie vie. Il écrivait. Il écrivait tous les jours. Tantôt dans ses innombrables carnets, tantôt sur des feuilles volantes qu'il punaisait au mur pour avoir une vue d'ensemble de son travail. D'autres fois, il tapait directement à l'ordinateur, un casque sur les oreilles, en écoutant du Wagner ou Amy Winehouse.

À la fin de sa vie, il écrivait non seulement à la maison, mais aussi à l'Hôpital américain de Neuilly, dans un petit bureau où il se rendait avec sa perfusion. Il parvenait à s'y concentrer en dépit de la maladie et du traitement, ce qui d'ailleurs faisait l'admiration de tous. Quand il lui semblait que quelque chose était abouti, il imprimait son texte, fa sait relier les pages et relisait le tout, un Stabilo en main. Il corrigeait et recorrigeait. Dans ce domaine comme en toute chose, il était perfectionniste.

Jean-Luc écrivait sa vie, son travail, ses ennuis, sa famille, son fils Jean – et son amour pour moi. Mais il s'était aussi et surtout attelé à un récit autobiographique. Ce projet, qui remontait à 2006, l'occupait et le préoccupait énormément. Il voulait revenir sur les conflits de son enfance, comme sur ceux de sa vie adulte. Peut-être cherchait-il à jeter un pont entre les deux.

Ce grand lecteur, passionné d'art, qui aimait à fréquenter les créateurs et les gens de lettres, avait lui-même le désir profond de s'exprimer par l'écrit. Je dois préciser que ce désir avait d'autant plus de valeur qu'il était vécu en toute modestie et humilité. Jean-Luc, qui avait grandi dans une maison pleine de livres, où l'on citait les auteurs classiques par cœur et par passages entiers, ne se prenait ni pour Victor

Hugo ni pour Hemingway. Mais il avait besoin de cette expérience qui l'aidait à vivre : tenir un journal, faire le point sur certains épisodes de son passé, donner une forme, peut-être un sens, à des événements qui lui apparaissaient quelquefois insaisissables.

Surtout, il se sentait un devoir de vérité. Toute la presse – et pas seulement la presse people – parlait de lui en permanence. Il faisait la couverture des journaux. Ses moindres faits et gestes étaient surveillés, observés, jugés. Sa vie privée était passée au crible des médias. Je puis témoigner qu'il était terriblement anxieux à l'idée que son fils soit condamné, plus tard, à se forger une image de Jean-Luc Delarue au travers des portraits brossés par les magazines. Il voulait que son fils entende sa vérité à lui, ce qu'il avait à dire sur lui-même. Au-delà de son fils, il concevait ce livre comme un message adressé à son public, à tous ceux qui l'aimaient et le suivaient pour ses émissions, pour son talent d'animateur, mais aussi pour l'homme qu'il était, avec ses hauts et ses bas, ses conflits personnels, ses passions.

Il avait rencontré plusieurs éditeurs, dont Léo Scheer, qu'il connaissait depuis ses débuts dans le métier. Jean-Luc était très enthousiaste de ce projet de publication. Il jubilait de se rendre chez son éditeur avec son manuscrit, pour le lui lire en personne. Si difficile qu'elle fût alors, il avait envie d'influer sur le cours de sa vie. Il était usé par les rencontres superficielles auxquelles l'obligeait le petit milieu des médias. Fils d'un couple d'enseignants, lui-même très cultivé, il avait soif de relations moins frustrantes. Il cherchait constamment à s'améliorer, comme la suite devait le prouver, et son livre devait être une étape dans cette démarche.

Le projet n'aboutit pas. J'ignore pour quelles raisons. Je crois savoir que Jean-Luc ne fut pas bien conseillé dans cette affaire. Il est vrai également que son travail d'écriture connut une interruption durant la période très troublée de ses ennuis judiciaires. Il en souffrait beaucoup ; il n'avait qu'une seule envie, se faire le plus petit possible… jusqu'à devenir invisible. Il n'a repris l'écriture de son livre qu'au moment de sa participation aux groupes de parole, lorsqu'il a enfin accepté de se soigner. Il avait retrouvé la volonté de vivre, d'aller au bout de lui-même. Apaisé, il voulait enfin s'assumer sans fard ni mensonge. C'était un homme dans la maturité, fort de ses faiblesses et désireux non pas d'ouvrir une nouvelle page de sa vie, mais bien plus : de se projeter dans un livre neuf, vierge, où tout serait encore à écrire.

Avant de mourir, il a souhaité ardemment que ce qui l'avait occupé pendant tant de mois, ce projet concret de livre, soit publié. Ce livre qu'il n'aura pas vu imprimé, hélas.

Ses carnets sont là, devant moi, remplis de son écriture vive, verticale. Il y a mis tant de lui-même. Certains de ces textes étaient construits et achevés. D'autres, parfois des extraits de son journal, étaient inaboutis. Parfois, il s'agissait de simples fragments couchés à la hâte sur une page de cahier, dans un moment d'angoisse ou, au contraire, de grande paix intérieure.

Cette introspection, par définition intime, ne pouvait être partagée dans sa totalité ; certains acteurs sont toujours en scène, certains faits exigent la discrétion et la pudeur. On lira néanmoins dans ce livre des notations radicales, pas nécessairement agréables pour la famille et l'entourage de Jean-Luc. Le ton peut se révéler polémique. Mais le reproche de méchanceté ne peut lui être fait. Nous savons tous que certains mots, s'ils sont durs à entendre, le sont aussi à prononcer, plus encore à écrire.

Jean-Luc ne poursuivait qu'un objectif : la quête de vérité. Voici donc le témoignage qu'il voulait laisser, une tentative de faire entendre enfin sa voix. Puisse le présent livre lui rendre cette justice tant espérée.

Anissa DELARUE

À toi mon fils,
Je sais combien tu aimes
que je te raconte des histoires.
Voici la mienne, celle de ton papa.

Ce que je dois à mon grand-père

Je suis né le 24 juin 1964, à Paris, dans une clinique située exactement au coin des rues de Marignan et François-Ier, dans le VIIIe arrondissement.

Je garde une trace des forceps sur un côté du visage : elle monte en diagonale de l'œil droit jusqu'aux premiers cheveux, sur la tempe. Quand je repense aux âneries que j'ai pu faire dans la première moitié de ma vie, je me dis qu'à cette marque extérieure doivent correspondre des dégâts intérieurs.

Lorsque je suis retourné à la clinique Marignan vingt-neuf ans après y avoir vu le jour, ce n'était plus une maternité, mais un établissement de chirurgie esthétique. J'accompagnais une chanteuse de talent avec qui je sortais depuis quelques jours. Cette artiste lyrique, qui venait de vendre des dizaines de milliers de disques, avait envie de s'offrir quelque chose de gros : une paire de seins, en l'occurrence.

Je n'avais pas songé que je revenais ainsi sur les lieux de ma naissance. C'est en arrivant sur place que l'endroit m'a paru familier. Et mon amie, qui craignait de souffrir pendant qu'on lui fabriquait la poitrine de ses rêves, m'a prié de rester pour la nuit.

La directrice, m'ayant montré les locaux où naissaient naguère les bébés, m'a demandé la permission de signaler dans la brochure de l'établissement le fait que j'y avais vu le jour. Je lui ai répondu que je n'étais pas sûr de le vouloir, ajoutant, en guise de plaisanterie :

— À la pouponnière, j'ai joué avec d'autres nouveau-nés et nous avons échangé nos bracelets…

Comme elle me regardait interloquée, j'ai continué :

— D'ailleurs, si ça se trouve, ce n'est pas moi qui vous parle en ce moment.

J'étais lourd. Vexée, elle a répliqué :

— En fait, vous êtes ici en repérage. Vous pensez à vous faire refaire le nez.

Elle a ajouté que je pouvais lui en parler sans honte, nulle raison d'avoir peur, ils trouveraient bien le moyen de redresser cette patate que j'avais au milieu de la figure…

D'abord, je me suis dit qu'elle prenait sa petite revanche avec humour, avant de comprendre soudain qu'elle ne plaisantait pas le moins du monde…

*

Mon nez cassé. Le drame non élucidé de ma petite enfance.

J'avais dix-huit mois quand un pédiatre, le docteur Job, s'est étonné : mon nez sévèrement tordu, rompu au milieu, s'échappait en filant vers la droite, comme aujourd'hui encore.

— Tiens, il a le nez cassé, maintenant, Jean-Luc ?

— Ah bon ? a répondu ma mère.

Un mois auparavant, tout était parfaitement en ordre. Comment avais-je pu me casser le nez sans que personne s'en aperçoive ? Ça doit faire drôlement mal, un nez qui casse ! Il doit y avoir des pleurs, du sang… J'ai la faiblesse de penser que si mon fils venait à se casser le nez, je n'aurais pas besoin d'une visite chez le pédiatre pour m'en apercevoir.

Que s'est-il passé dans ma petite enfance? Personne n'a jamais voulu me le dire. On m'a toujours répété que j'avais les traits réguliers. J'ai fini par m'habituer à cette observation, sans en comprendre tout à fait le sens. J'ai une complexion moyenne. Et mes proches m'ont toujours dit que le mot «régulier» est celui qui correspond le mieux à ma personnalité. Il est vrai que dans mes relations professionnelles, aussi bien que privées, je place la loyauté au-dessus de tout, au-dessus même de la compétence, car la compétence peut s'acquérir. Pas la loyauté.

Donc, mes traits sont réguliers. Mais il y a mon nez. Mes détracteurs ne manqueront pas de jouer sur l'autre sens du mot «régulier». Il est vrai que je ne respecte pas vraiment le rythme de vie idéal recommandé par le docteur David Servan-Schreiber, voire par son oncle Jean-Louis, le propriétaire du magazine *Psychologies*. Je ne mange jamais à heures fixes, je ne suis pas certain de toujours bien mastiquer mes aliments, je bois du vin du Languedoc et du scotch *single malt* Signatory – série «*very cloudy*». Je fais trop de sport ou pas assez. Je cours trop de marathons ou de semi-marathons – les 20 kilomètres de Paris, le Paris-Versailles. Je pratique trop le squash. Trop de remise en forme Pilates. Trop de saunas trop chauds suivis d'une douche glacée – sans pitié pour mon cœur.

Côté sommeil, ce n'est guère mieux. Je ne dors jamais le même nombre d'heures. Et pour cause! Je prends des somnifères qui m'empêchent de dormir – c'est ce qu'on appelle l'«effet paradoxal». Je suis capable de travailler trois jours non-stop quand la situation l'exige, avant d'enchaîner sur une grosse nuit de dix-sept heures.

Pour tout dire, ça tourne trop vite, là-haut, au premier étage. Et ce depuis le jour où ma mère m'a parlé de mon nez cassé et de la réaction du docteur Job, quand j'avais dix-huit mois. Depuis, je ne me suis plus jamais senti en sécurité…

Le docteur Job. Un grand pédiatre hospitalier dont j'ai fait la connaissance à l'âge de huit jours. Je crois qu'il me connaît bien. En tout cas, il me connaît depuis longtemps ! Il a de grands yeux doux et dégage une impression rassurante. Une grande, une magnifique personne. Le type même de l'honnête homme, au sens des Lumières.

Un autre médecin me connaît bien : le docteur P. De temps en temps, il me dit :

— C'est qu'il faut qu'il se repose, mon petit pépère !

Je lui réponds qu'il sera toujours temps de dormir quand on sera mort. Mais il insiste :

— Le mieux serait quand même de dormir un peu avant la mort. Pour qu'elle vienne le plus tard possible.

Le docteur Job m'a suivi jusqu'à mes sept ans. Ma mère a décidé alors que j'étais trop grand pour voir un pédiatre. Il était temps pour moi de débuter ma première séance d'analyse hebdomadaire chez le docteur Barande, à l'Institut français de psychanalyse, rue de l'Observatoire, dans le Ve arrondissement. Les séances se déroulaient le mardi après-midi, à l'heure où ma classe avait piscine à Bourg-la-Reine. Pendant que mes camarades barbotaient, j'étais assis à une table en face du docteur Barande. Armé de feutres de couleur, je dessinais des boxeurs… Et ce n'est qu'aujourd'hui, en écrivant ces lignes, que l'idée me vient pour la première fois que les boxeurs aussi ont le nez cassé. À ceci près que les boxeurs, eux, savent pourquoi et comment cette fracture s'est produite. Ils savent quel jour c'est arrivé, sur quel ring ils ont senti craquer leur cloison nasale.

Moi, non.

Moi, je n'ai dans l'oreille que la voix de ma mère singeant le docteur Job d'un air détaché, insupportable, et répétant la phrase du praticien, sur le même ton que lui *mais l'humanité en moins* :

— Tiens, il a le nez cassé, maintenant, Jean-Luc?

*

Oui, ma naissance a bien eu lieu dans cette clinique du «triangle d'or», entre l'avenue Montaigne, ancien siège de France 2, les Champs-Élysées et Europe 1 – radio sise à cinquante mètres de là, au 28 de la rue François-Ier, et où je devais passer neuf années de ma vie de journaliste-animateur.

Pourquoi suis-je né dans cette clinique de riches, dans ce quartier huppé? Mon petit frère, lui, est né dans le XIVe arrondissement, comme le reste de la famille. Adolescent, pour moi, c'était la honte! Dans ma bande de la porte d'Orléans, j'étais obligé de mentir, de dire que j'étais né dans le «quatorze»!

Pourquoi ai-je vu le jour à quelques décamètres d'Europe 1, cette station qui deviendrait pour moi une maison et bien davantage? Peut-être parce que j'étais le premier garçon de la famille et que la loi salique était toujours en vigueur dans notre milieu, rocardien et militant. C'est, du moins, la seule raison qui m'ait jamais été donnée.

Quand je suis né, je n'avais qu'une cousine. Douze ans plus tard, je devais flirter avec Florence, qui m'appellerait royalement François – car, pour elle, j'étais le premier… Or François Ier est mon roi de cœur. S'il me fallait absolument choisir, comme les enfants à qui l'on présente une liste, c'est bien François de Valois que je désignerais parmi tous les rois. Surtout pour sa devise : *Libris et liberis* – les livres, la liberté.

Car tout est dans les livres ; ils m'ont appris ce que je sais. Hélas ! je ne puis en dire autant de l'école, dont je n'ai pas su tirer profit. Il faut dire que mes parents étaient professeurs – ils enseignaient l'anglais. Dès ma prime enfance, en les observant, j'ai perçu l'école comme une source d'ennui et de tracas.

*

Papou, mon grand-père paternel, était d'origine russe et très porté sur la littérature. Lui aussi avait les yeux clairs. Bien que de petite taille, il jouissait d'une constitution robuste. Un front puissant et luisant, de larges oreilles…

Cet homme très doux portait toujours une cravate noire. Le jeudi, je le trouvais en train de m'attendre à l'entrée du collège La Fontaine, debout devant sa Coccinelle blanche. Il venait tantôt avec des pains au chocolat, tantôt avec des chaussons aux pommes qu'il s'efforçait de cacher derrière son dos, dans un sac en papier taché de beurre. Heureux de le voir, je courais à sa rencontre. Mon amoureuse secrète d'alors s'appelait Marianne G. Tendre et chère

Marianne ! Avec mes bottes camarguaises, je passais à ses yeux pour un petit homme.

Papou a publié un recueil de poèmes à compte d'auteur : *Le Bouleau rêve*, sous le nom d'auteur de Delarue l'Ancien – afin, disait-il, de ne pas faire d'ombre à la carrière politique et associative de son fils. J'étais présent lors d'une scène émouvante au cours de laquelle il remit le tapuscrit à mon père, Jean-Claude. Mais la poésie n'appartient pas à l'univers de mon père. Le jour des obsèques de Papou, dans un cimetière perché sur la colline d'Épône, près de Mantes-la-Jolie, c'est moi qui ai récité un poème de sa plume intitulé « Le Chardon géant ».

Comme je l'ai dit, Papou m'avait fait cadeau d'un livre. L'ouvrage s'intitulait *Un roi parmi les rois, Sa Majesté François Ier*. La nuit, je le gardais près de moi, dans ma chambre ; le jour, il était dans mon cartable-kangourou. Je l'appelais « Franquois » : c'était mon doudou. Ce livre était illustré de tableaux de Jean Clouet et de peintres italiens : le roi, sa cour – dominée par des femmes sublimes –, ses guerres – dont la première, la prestigieuse bataille de Marignan. Le roi n'avait alors que vingt ans. Papou me faisait la lecture et éveillait ma surprise. Comment tant d'histoires pouvaient-elles naître de ces minuscules araignées en rangs serrés, de ces colonnes de fourmis noires qui marchaient en ordre régulier sur les pages blanches de mon doudou ?

— Tout ça, ça sort de là ? demandais-je.

— Oui, tout vient des livres, répondait-il. Quand tu sauras lire, tu pourras tout savoir.

Sur quoi Papou refermait mon *François Ier*.

Ma mère eut beau me faire donner tous les soirs des leçons de lecture, c'est ce livre-là qui déclencha ma soif de comprendre. Parfois j'avais de la peine à saisir le fil du récit : comment pouvait-on sortir vainqueur d'une bataille où l'on avait perdu huit mille soldats en l'espace de vingt heures ? Plus loin, le roi partait chasser le cerf. Comment pouvait-on se montrer aussi cruel ?

Ce conte de roi était pour moi un conte de fées. J'y rencontrai ceux qui devaient rester à jamais mes rock-stars : les peintres, vrais dieux de la Renaissance italienne – Raphaël, Titien, Michel-Ange, sans oublier, bien sûr, ce Léonard de Vinci qui était devenu comme un père pour François Ier et qui mourra dans ses bras en 1519, au manoir de Clos-Lucé, près d'Amboise, quatre ans après la bataille qui a donné son nom à la clinique où j'ai vu le jour. Léonard s'était rendu à Amboise avec deux cadeaux pour le roi : le *Saint Jean-Baptiste* et la *Joconde*, aujourd'hui conservés au Louvre, musée en face duquel j'ai la chance d'habiter depuis plus de quinze ans. Jean le Baptiste est un saint que l'on fête le 24 juin, jour de mon anniversaire. D'où le « Jean » de mon prénom. Luc vient du latin *lux, lucis*, qui veut dire « lumière » – la lumière des feux de la Saint-Jean.

*

François Ier était un géant – il mesurait, si l'on en croit la taille de ses armures, 1,90 mètre. D'après le témoignage de Louise, sa mère, il pesait plus de cinq kilos à sa naissance. En ce qui me concerne, je pesais 3 260 grammes et mesurais 51 centimètres. Je ne suis ni grand, ni gros, ni maigre – je suis moyen. Mais la moyenne du poids des nourrissons étant de 3,5 kilos, je suis éternellement vigilant sur ma propension à prendre du poids.

J'ai les cheveux châtains ou noisette, les yeux noisette ou châtains – je ne sais pas faire la différence entre la couleur d'une noisette et celle d'une châtaigne. Il paraît que mon regard devient plus ou moins verdâtre quand je suis au bord de la mer.

Mon père, quant à lui, a conservé des yeux d'un vert très pur. Il est très beau, très intelligent, très cultivé et parle quatre langues, dont le japonais. Son nom ? Jean-Claude Delarue. Il est né le 23 novembre 1939 à Boulogne-Billancourt, d'un couple qui venait de se rencontrer et ne devait pas tarder à se séparer. Ses parents avaient fait connaissance en Indochine, à bord d'un navire où chacun voyageait de son côté. À l'époque, ma grand-mère – Mamie – avait quarante ans. Mon grand-père – Papou – lui a tout de suite proposé le mariage ; dix mois plus tard, un enfant naissait, prénommé Jean-Claude.

Mon père m'a dit un jour que sa mère était probablement lesbienne ; cependant, il n'en était pas certain. Quoi qu'il en soit, elle était 100 % polonaise et très catholique. Elle était originaire de Gdansk, célèbre pour ses chantiers navals. Il lui arrivait de tomber littéralement à genoux devant le petit écran – bien avant que je ne travaille moi-même à la télévision. Il suffisait pour cela que le pape Jean-Paul II fasse une apparition, même brévissime, au journal télévisé. Dans ces moments-là, son attitude évoquait plutôt une musulmane s'acquittant de l'une des cinq prières quotidiennes. Une musulmane d'un blond très pâle, en l'occurrence, à la peau diaphane et aux yeux bleu électrique.

Quand je lui disais que j'adorais le chocolat, elle répliquait :

— Dieu seul tu adoreras !

Elle est morte des suites de la maladie d'Alzheimer. Durant les derniers mois de sa vie, il lui arrivait de plus en plus souvent de se perdre dans son quartier – elle habitait au 70 rue du Cherche-Midi. Elle répétait alors toute la journée, vingt fois de suite parfois, le mot «clé»: allusion à la clé de chez elle, bien entendu; mais peut-être pensait-elle aussi aux clés de saint Pierre.

*

C'est avec Papou que j'ai pris ma première vraie cuite – une biture colossale! En écrivant ces mots, j'en ai l'estomac pincé et la tête prise comme dans un étau. Nous avions dîné ce soir-là de deux steaks cuits sur le gril de sa cuisinière et couverts de poivre gris concassé au moulin. Pas de légumes, une salade verte. Pas de pain non plus: régime spécial bachot!

C'était compter sans une incursion improvisée et soutenue au merveilleux pays des calories liquides. Papou cachait ses bouteilles sous l'évier, dissimulant ses trésors à la place réservée habituellement aux sacs-poubelles. Ce soir-là – heureusement pour la seule et unique fois –, en vue de donner quelque relief à ce dîner frugal, conclusion d'une journée consacrée à l'approche géopolitique du sous-continent indien – domaine auquel j'étais parfaitement imperméable –, nous avons descendu sept bouteilles de vin rouge! Sept bouteilles. À deux. C'était de l'anjou – et pas du meilleur, de surcroît. Mon grand-père en profita pour me raconter des histoires de jeunesse que j'ai complètement oubliées. Mais je me rappelle en avoir retiré une leçon: la première bouteille est de loin la plus difficile à ouvrir.

C'est aussi Papou qui m'a aidé à préparer le bac en 1982 : trois mois de travail en tête à tête, de Pâques à fin juin. Il m'enseigna une méthode de mémorisation qui m'est, aujourd'hui encore, d'une grande aide. Il s'agit d'un système de quadrillage. Les domaines d'action remarquables sont présentés horizontalement, sur la ligne du haut : littérature, théâtre, politique, idées… Ils deviennent des têtes de colonnes verticales, en abscisses. À gauche, en ordonnées, s'égrènent les siècles. Papou remplissait les cases aux croisements des lignes et des colonnes, offrant des points de repère à travers les âges. Dès qu'une information nouvelle me parvenait, je l'accrochais à un point du quadrillage – mort de Louis XIV, Voltaire embastillé, droit de vote des femmes, accords d'Évian, prix Nobel de littérature à Faulkner et Hemingway…

Je possède toujours ce document venu de mon grand-père, où s'accrochait ma mémoire.

Oui, c'est bien à Papou que j'ai dû ma réussite au bac : grâce à lui, j'ai obtenu 181 points, lorsque 180 étaient requis. Pas d'efforts inutiles, surtout ! Hélas, il devait succomber à une rupture d'anévrisme deux jours avant les résultats. Dans la salle d'attente de son médecin, il a eu un coup de chaud. Il s'est dirigé vers les toilettes. Comme les éléphants, Papou s'est caché pour mourir. Comme ma grand-mère, mais elle est morte chez elle. Depuis lors, je ne m'aventure jamais aux petits coins sans méfiance…

Grâce à Papou, j'ai pu faire après le bac des études de publicité à l'IUT de l'avenue de Versailles, à Paris. Ma classe comptait vingt-trois élèves choisis lors d'un concours public de deuxième rang qui mobilisait plus de trois mille prétendants. Les cours étaient dispensés par des professionnels qui travaillaient le reste de la semaine en agences de publicité.

La première année m'a permis de découvrir le plaisir d'étudier: j'ai davantage cravaché en quelques mois qu'en neuf années d'études secondaires. Il y avait un classement. J'ai fini la saison à la douzième place.

L'année suivante, j'avais acquis de la confiance. Je travaillais moins, mais mieux. J'ai terminé à la première place, avec le titre envié de «Little Big Man». En vérité, je n'ai pas pris cette cérémonie au sérieux. Pour moi, il s'agissait plutôt d'un jeu. Et j'ai tout fait, depuis, pour conserver cet état d'esprit.

Jusque-là, c'est mon frère qui était considéré comme le caïd de la maison, enchaînant les lycées les plus prestigieux – Louis-le-Grand, Henri-IV – et se destinant à faire Sciences-Po, avec pour ambition de devenir président de la République. Mes parents l'encourageaient dans cette voie et me regardaient comme le cancre de la famille. En bons fonctionnaires, ils souhaitaient pour moi un métier susceptible de me garantir la sécurité de l'emploi. Par exemple, facteur, puisque j'allais au lycée à vélo et écrivais tous les soirs à mes amoureuses…

En définitive, j'ai suivi exactement la voie inverse. J'ai préféré l'aventure créative du capitalisme, le métier de publicitaire, de concepteur-rédacteur. Et je dois remercier mes parents, encore une fois, de m'avoir transmis l'essentiel: le principe du libre-arbitre…

Samuel et Renée

Ma grand-mère maternelle – que j'appelais grand-mère – était née Renée Arthus ; elle était de souche cent pour cent française, autant qu'on puisse l'être.

Cet amour de femme ressemblait à un macaron : croustillante à l'extérieur, avec une peau douce et épaisse qui donnait envie de la croquer, et moelleuse à l'intérieur, jusqu'au cœur. Mes amis l'appelaient Gabinette, par allusion à Jean Gabin, à cause de son langage imagé. À cause aussi de ses cheveux crantés, confiés à une apprentie coiffeuse qui venait tous les deux jours lui donner son « coup de peigne ». Pour ses Ray-Ban Wayfarer noires, enfin, qu'elle ne quittait que pour dormir.

Grand-mère avait une expression pour chaque moment de la vie. « Je suis raide comme un passe-lacet », disait-elle quand la fin de mois s'annonçait difficile. En sortant du restaurant où nous avions déjeuné en amoureux, elle me lançait : « Je suis ronde comme un petit pois ! » Cette expression, aussi : « Qu'est-ce que je voulais dire ? C'était pas la messe... », qui n'avait rien de surprenant aux yeux du « père Samuel » ! Ou encore : « Mer... credi ! comme disait ma grand-mère. » Ou bien : « Cinq cents francs, ça commence à avoir des dents. » Et : « Il est beau ton manteau : il parle tout seul. »

Mon grand-père – que j'appelais grand-père – se nommait Adolf Samuel : sinistre prénom, puisqu'il avait été déporté à Auschwitz. C'était un Hongrois de Budapest. Divorcé, déjà père d'un fils, il était âgé de trente-cinq ans quand il avait rencontré grand-mère – elle n'en avait alors que dix-sept.

Renée Arthus travaillait avec sa jeune sœur Andrée chez une fleuriste. La boutique appartenait à leur mère, la patronne de la famille, une femme que j'ai toujours appelée Mémé. Elle avait sur les photos un côté Ma Dalton, mais aussi un côté grand-mère gâteau. Elle cachait sous son tricot une mitraillette de mots qui fusaient quand un homme avait l'audace de s'approcher d'un peu trop près. C'était une divorcée par conviction. Hélas ! le seul souvenir qui me soit resté d'elle est celui d'une silhouette fatiguée, dépendante. La pauvre femme se déplaçait en fauteuil roulant. Pourtant, elle avait un regard noir si vif, si perçant qu'il me gênait : j'avais le sentiment qu'elle lisait dans mes pensées. C'était loin d'être le cas, puisque la maladie d'Alzheimer lui rongeait le système nerveux central depuis sept ans déjà.

Mémé était née à la fin du XIXe siècle. De mes ancêtres de cette génération, elle est la seule que j'aie connue. Elle avait été l'une des premières femmes à décrocher son permis de conduire, et aussi la toute première Française à avoir obtenu le divorce à sa demande ! Ceci avant la Seconde Guerre mondiale, autrement dit dans un monde encore dirigé par de petits hommes des cavernes, où les femmes n'avaient même pas le droit de vote. (Il faut bien constater à ce propos que le pays des droits de l'homme ne fut pas toujours celui des droits de la femme, si l'on veut bien considérer que le principe de la démocratie est le droit de chacun au suffrage.)

Grand-père était représentant de commerce quand il fit une entrée triomphale dans la boutique de fleurs des dames Arthus. D'après grand-mère, il avait «des dents magnifiques». J'imagine que son sourire malin n'en était que plus dévastateur. Le lendemain de sa visite, Renée demanda à le voir en tête à tête – elle n'avait pas dix-huit ans. Ils se promenèrent ensemble. Renée lui proposa de descendre dans le métro. D'après grand-père, elle voulait «lui montrer quelque chose». Sur le quai, elle lui annonça crânement qu'elle avait décidé de le prendre pour mari.

— Si vous ne voulez pas, lui dit-elle, ce n'est pas grave, je peux comprendre… Mais dans ce cas, je me jette sous la première rame qui passe.

Il la regarda dans les yeux. Et il la demanda en mariage. La suite, c'est grand-mère qui la raconte :

— Quelque temps après, nous vivions ensemble. On n'avait pas encore acquis notre premier pressing. Quand ton grand-père rentrait le soir, il demandait toujours ce qu'il y avait pour le dîner. Il voulait savoir s'il y avait des patates. Si c'était oui, il m'embrassait et posait son chapeau sur le lit. Je n'avais plus qu'à rendre visite à une voisine, une suffragette qui portait une cocarde en médaillon et se faisait appeler «faiseuse d'anges»…

*

Samuel et Renée louaient un petit appartement dans le XVIe arrondissement de Paris, au sixième étage d'un immeuble dont le rez-de-chaussée abritait leur pressing, rue Georges-Bizet.

Cette boutique était pour moi un véritable petit théâtre ! Grand-père y trônait comme un pacha, à l'avant du comptoir. Il avait disposé dans le magasin des fauteuils qui semblaient destinés à l'accueil du public. Et le public, en effet, venait nombreux assister au spectacle offert par ce couple cinq jours par semaine et quarante-sept semaines par an. Je ne doute pas que Georges Bizet lui-même, en bon dramaturge, aurait apprécié la qualité de leurs représentations.

Grand-père trônait et grand-mère souriait, jouant son rôle de reine. Tous ceux qui fréquentaient son commerce étaient des amis potentiels. Elle n'était pas peu fière de compter parmi ses clients Hervé Vilard et les frères Bogdanov.

Mes grands-parents me confiaient des missions de renseignement. À huit ans, je courais tous les pressings du quartier. Feignant de m'être égaré, je surveillais la concurrence. Je comptais les vêtements rangés sous plastique dans les vitrines, j'observais les clients pour tâcher de savoir si nous n'avions pas de « faux amis » qui faisaient nettoyer leurs habits chez nous *et* dans les autres pressings. J'essayais de deviner s'ils repartaient contents ou déçus. Au retour, grand-mère me mitraillait de questions. La reine ne plaisantait pas en affaires ! Quant à grand-père, il avait un mot qu'il répétait à qui voulait l'entendre, c'est-à-dire à tout le nord du XVIe arrondissement :

— Je marche comme un mendiant, mais je paie comme un seigneur.

Je ne voyais pas ce qu'il voulait dire au juste ; il ne me semblait pas qu'il marchât d'une façon spécialement inélégante ! C'était un homme stylé, et qui avait le sens du geste – au sens large. Il avait toujours des bonbons plein les poches, qu'il distribuait aux enfants en se penchant avec une souplesse de danseur étoile.

Un jour, nous étions tous deux dans le métro, assis sur les strapontins, près de la portière. Un couple était monté, un garçon et une fille qui n'avaient pas vingt ans, tendrement serrés l'un contre l'autre. D'abord ils voyagèrent debout, juste devant nous. Grand-père et moi les regardions attendris. Les jeunes gens se tenaient maintenant à la barre verticale, telles ces danseuses de Las Vegas payées pour remuer les fesses sous le nez des touristes. Eux aussi remuaient lascivement, improvisant une chorégraphie sans musique ; on aurait dit deux chats de gouttière résolus à se donner de grands airs ; ils s'avançaient l'un vers l'autre, se frottaient le museau, reculaient, gloussaient. Une station plus loin, ils avaient trouvé des sièges où s'asseoir et s'embrasser à pleine bouche.

Pour la dixième fois depuis leur arrivée dans la voiture, j'ai regardé mon grand-père. Jusque-là, il s'était contenté de plisser les yeux, l'air de penser que ce spectacle ne donnait pas une belle image de l'amour, en tout cas pas une image acceptable pour un enfant de huit ans. Ce genre de choses, je ne l'avais vu jusque-là qu'au cinéma : Grace Kelly et Gary Cooper s'embrassant avec passion, à la fin du bal des lâches, dans *Le train sifflera trois fois*. Cette fois, ce n'était pas Grace et Gary. C'était juste deux babas un peu *freaky*. Ils se dévoraient en laissant leurs mains se balader partout.

Soudain, grand-père a changé de couleur. Lâchant ma main, il a tiré de sa poche arrière son portefeuille courbé qu'il a ouvert pour y prendre deux billets de 50 francs. Puis il s'est levé, a fait trois pas en direction des amoureux, s'est arrêté et, de son index replié, comme s'il frappait doucement à une porte, il a donné une petite tape sur l'épaule du garçon. Lequel, dans son enthousiasme affamé, n'avait rien vu venir.

Le garçon s'est détaché de son amie. Les amoureux ont regardé les billets, puis mon grand-père, puis moi. Samuel a fourré les billets dans la main du jeune homme en prononçant ce simple mot :

— Hôtel.

Les deux babas se sont levés en rabattant doucement leurs strapontins. La jeune fille a lâché timidement :

— Merci…

Le garçon a ajouté :

— … monsieur.

Le métro ralentissait dans un vacarme de freins. La portière s'est ouverte. Ils sont descendus. C'était la station Saint-Placide. Mon grand-père les a regardés sortir. Des applaudissements ont crépité autour de nous. Mon grand-père leur a répondu d'un signe de la main. Devant cet acte d'héroïsme, je me sentais tout petit et heureux. Heureux pour lui, pour les autres voyageurs, pour nous.

Puis grand-père est revenu s'asseoir près de moi. Il a haussé plusieurs fois les épaules et redressé sa nuque, tel un homme qui se moquerait de lui-même ou de son geste. Moi, je retenais mes larmes. J'étais du sang de cet homme. J'étais un Juif hongrois, moi aussi. J'avais sous les yeux un modèle de fierté, de fermeté, de gentillesse.

*

Mon grand-père, *alias* « père Samuel », Adi comme l'appelait ma grand-mère, l'homme « aux dents magnifiques », adorait les *Aventures de Rabbi Jacob*. Louis de Funès lui arrachait des larmes de rire. Il en rejouait les scènes en sortant du cinéma, sur le trottoir de la place d'Alésia. Puis nous traversions pour aller à la brasserie Zeyer manger un gâteau aux amandes accompagné d'une tasse de chocolat. Le chocolat du Zeyer était fouetté par Paul, le maître d'hôtel, et servi dans une tasse profonde en porcelaine de couleur sable.

Adi parlait le yiddish et l'allemand, deux langues qu'il avait apprises dans les camps. Vingt ans après ces événements qui avaient si fort marqué sa vie, il était plutôt enclin à défendre la cause palestinienne. Il voyait la Shoah comme une terrible erreur de l'Histoire, mais il n'en voulait pas au peuple allemand. Il se méfiait de l'antisémitisme rampant, comme tout Juif, mais moins que sa femme, Renée Arthus, qui était goy à cent pour cent. Renée, que les nazis avaient privée de son homme pendant quatre ans, de 1942 à 1946. Sous l'Occupation, elle avait dû veiller avec Mémé sur l'éducation de ma mère et de Louli, sa grande sœur.

Après la Libération, les déportés survivants qui avaient pu être rapatriés étaient accueillis pour recevoir des soins à l'hôtel Lutetia, le lieu même qui avait servi de siège à la *Kommandantur* pendant les années de guerre. Grand-mère s'y rendait tous les jours dans l'espoir d'y retrouver Adi. Mais Adi ne rentrait pas. Les membres de la famille qu'elle y croisait lui présentaient leurs condoléances. Grand-mère restait là un moment avec Mémé. Elles assistaient à ce bal silencieux ponctué de larmes, de cris de surprise, de soudaines embrassades. Elles voyaient passer des fantômes amaigris, hommes et femmes qui avaient été affamés et torturés dans les camps et dont le regard, bien souvent, était encore halluciné. Certains n'étaient rentrés que pour recevoir le choc de terribles nouvelles : la disparition de tel ou tel proche.

Les deux femmes finissaient par rentrer chez elles la mort dans l'âme, songeant que ce serait peut-être pour demain. Jamais elles n'ont cessé de croire au retour d'Adi. Mais il ne revenait pas. Ou pas encore.

Mon grand-père m'a plusieurs fois parlé de sa déportation. À vrai dire, ce n'était jamais lui qui mettait la discussion sur le tapis : il répondait à mes questions, c'est tout. Le plus souvent dans le pressing, parfois pendant une partie de rami. Il avait retroussé ses manches et je voyais les numéros tatoués sur son bras à l'encre bleue. Il évoquait alors certaines scènes du camp. Tel ce jour d'été où les Allemands avaient déposé un seau d'eau sur le sol du baraquement.

— Pour vous laver !

Oubliant ce qui les unissait, les prisonniers avaient commencé à se battre pour le privilège de quelques gouttes d'eau et la possibilité de se rincer le visage, les bras, les aisselles. Aucun de ces hommes n'avait eu le droit de se laver depuis son arrestation. La furie se répandit dans le baraquement. Et les Allemands, pendant ce temps, regardaient la meute. C'est alors que mon grand-père, en yiddish, exigea le calme et le silence. Il avait compris que l'on voulait les transformer en animaux, et il le refusait. Ils étaient squelettiques, édentés, épuisés, chauves – mais ils devaient trouver en eux la force de rester humains.

C'était une obligation! Ils ne devaient pas tomber dans le piège tendu par les Allemands.

Au cours de l'hiver suivant, un médecin allemand, un officier, fit sortir les prisonniers faméliques de leur chambrée, une baraque sale où les détenus s'entassaient à même le sol et dormaient dans le froid. Les hommes étaient en rang. Le médecin leur dit :

— Y a-t-il parmi vous des hommes malades qui découragent la productivité de leur baraquement ? Elle est en baisse, très inférieure à celle des baraquements voisins. Qui, ici, a besoin de repos ? Qui se sent trop fatigué pour travailler aujourd'hui ?

Un silence. Puis :

— Que ceux qui estiment avoir besoin de repos fassent un pas en avant.

Adi fit un pas en avant, suivi par un gros tiers des hommes du baraquement, les uns s'appuyant sur les autres tant ils étaient affaiblis. L'officier s'adressa à mon grand-père en braillant :

— Arrière ! Tu n'es pas fatigué ! Tu es vigoureux ! Regarde autour de toi ! Regarde dans quel état sont les autres !

Mon grand-père obéit. Il fit un pas en arrière et rentra dans le rang. Il lui faudrait continuer à travailler pour le Reich. Quant à ceux qui s'étaient avancés, ils partirent au pas pour une destination inconnue. Le baraquement apprit la semaine suivante que tous avaient été gazés. On leur avait promis un travail plus facile, puis une douche ; en guise de quoi, ils avaient eu droit au Zyklon B. Adi ne reverrait plus – entre autres – ce vieil ami hongrois, ce tailleur de Budapest dont il avait naguère aimé la sœur.

*

Grand-père m'a raconté aussi son évasion, durant l'hiver 1944-45, au terme d'un plan élaboré nuit après nuit et dévoilé à ses camarades au tout dernier moment, l'heure venue de passer à l'action.

Au cours d'un transfert, deux jours après Noël, alors qu'une marche devait débuter, il s'était laissé glisser sur le sol en demandant aux autres de l'enfouir sous la neige. Une fois seul, la voie étant libre, il se mit à courir. La neige tombait à gros flocons. Au bout de plusieurs kilomètres, il fut arrêté par une sentinelle allemande. Le jeune soldat – un gamin qui n'avait guère plus de seize ans – pointa son fusil sur ce fuyard en uniforme rayé, criant d'une voix hésitante :

— Qui va là ?

— Je me suis enfui du camp, répondit grand-père. Je veux passer. Rentrer. Rejoindre ma femme et mes enfants.

Il s'exprimait en allemand, langue qu'il s'était acharné à apprendre tout en luttant contre la faim, la peur, les maladies, conjurant la perspective inévitable de la mort.

— Vous avez l'âge de mon fils…

Le jeune soldat l'interrompit :

— Je ne vous vois pas. Je ne vous ai pas vu. Je ne sais rien.

— Merci, merci, mon fils…

Samuel était déjà loin quand il entendit le soldat tirer un coup de feu en l'air. Il marchait vers l'ouest, à l'aide d'une boussole en fer-blanc confectionnée au camp.

*

Des années plus tard, alors qu'il remontait les Champs-Élysées avec ma grand-mère, Adi croise un couple à la sortie d'un cinéma. L'homme échange un regard avec Samuel et le reconnaît aussitôt. Ils s'approchent, comme aimantés. S'ouvrent les bras. S'embrassent. Pas un mot n'est échangé. Au bout d'un moment, les deux hommes se serrent la main, puis chacun rejoint son épouse. Grand-mère, aussitôt, l'interroge :

— C'était qui ?

— Quelqu'un. Quelqu'un d'important pour moi.

— Mais qui ? Quelqu'un du camp ?

Nouveau silence. Grand-mère et Adi passent devant la galerie du Lido. C'est une fin d'après-midi ensoleillée. Le couchant éclaire la figure du père Samuel, l'air absent, comme si l'animation des Champs avait cessé d'exister pour lui. Puis il reprend la main de grand-mère ; la sienne est moite. Il est très pâle. Enfin il dit :

— C'était un Allemand. Un médecin. Il m'a sauvé la vie à Auschwitz.

Pas un mot de plus. Grand-père a refermé la porte de son mystère.

De même, nous ne savons pas ce qu'il a fait de sa vie d'homme libre entre son évasion et son retour à Paris, un an après la Libération, en 1946. C'était un matin de septembre. Il est apparu soudain au portillon du jardin, à Châtenay-Malabry. Ma grand-mère était en train de cueillir des brassées de fleurs pour les vendre. Elle s'est relevée. Elle a regardé cet homme dont elle était tombée amoureuse douze ans plus tôt, dont elle était sans nouvelles depuis quatre ans. Il n'avait plus de cheveux et il lui manquait des dents – ses dents si belles avant la guerre !

Les retrouvailles avaient finalement lieu – non à l'hôtel Lutetia, mais à Châtenay-Malabry. Que s'était-il passé exactement pendant cette longue absence? Grand-père ne répondait pas à ces questions-là. Avait-il rencontré une autre femme? Fondé une autre famille, quelque part en Allemagne, en Alsace, en Flandre? En Hongrie, peut-être, son pays natal? Ou pourquoi pas à Paris même... La réponse, nous ne l'aurons jamais. Tout ce que nous savons, c'est que le père Samuel a été déporté, qu'il s'est libéré tout seul, sans l'aide des Américains, et qu'il est revenu en France où il a repris sa vie de famille – une famille dont faisait partie une fillette qu'il avait connue bébé, avant son départ: ma mère.

*

Et puisqu'il vient d'être question de cette sombre période de l'Histoire, j'aimerais exprimer un avis qui me tient à cœur. J'entends parfois des gens s'exclamer: «Qui peut dire comment il se serait conduit sous l'Occupation?» Cette phrase m'exaspère. Je pense exactement le contraire: chacun de nous sait parfaitement comment il se serait conduit. Ceux qui ne savent pas s'ils auraient été collaborateurs ou résistants, je sais, moi, qu'ils n'auraient pas été résistants, puisqu'ils auraient hésité.

J'ai beaucoup de défauts. Il m'arrive d'être agité, voire incontrôlable. Je me fatigue souvent moi-même. Et j'avoue manquer cruellement d'humour lorsqu'il est question de sujets sérieux. Mais j'ai habité rue Gabriel-Péri, pas rue Lacombe-Lucien. J'habite aujourd'hui rue Bonaparte, pas rue Napoléon. On ne peut compter sur moi que dans un seul cas: quand ça va mal.

Ma mère

Ma mère, née Marie-Louise Samuel, est née le 13 février 1940 à Châtenay-Malabry, à la frontière des Hauts-de-Seine et du Val-de-Marne. On l'appelle Maryse. C'est une femme tonique d'un mètre soixante-quatre, tantôt brune, tantôt rousse, plutôt blonde ces derniers temps. Elle est dotée d'un visage si expressif qu'elle ne peut jouer au poker avec mes frères : ils s'en voudraient de la plumer !

Maryse a des yeux incroyablement mobiles qui passent du rire à la colère en un battement de paupières. Elle sait être à l'écoute, mais elle parle très vite. On me demande souvent pourquoi mon débit est si rapide : c'est pour essayer d'en placer une, le temps que ma mère reprenne sa respiration.

Cette femme est une jusqu'au-boutiste. Adolescente, elle était le capitaine et le pivot de son équipe de basket. Elle a même remporté le championnat de France junior ! Mais elle a arrêté le sport pour se jeter à corps perdu dans les études. C'est ainsi qu'elle a décroché l'agrégation.

Elle a épousé Jean-Claude – pour son intelligence, dit-elle. Le jour des noces, elle était en robe blanche avec coiffe et voilette ; lui portait l'uniforme de lieutenant de vaisseau. La nuit venue, elle s'est aperçue que son époux était « bardé comme un petit poulet » : Mamie avait enveloppé le ventre de son fils dans plusieurs mètres de bande Velpeau, de crainte qu'il ne prenne froid !

Au bout de plusieurs années d'enseignement, les élèves lui sont devenus insupportables – ou était-ce le contraire ? Quoi qu'il en soit, elle est partie pour Jussieu (Paris-VII) où elle a créé ce qui devait être l'œuvre de sa vie : l'ESEU, examen supérieur d'entrée à l'université. Cette épreuve, équivalent du baccalauréat, peut être passée à tout âge et ouvre les portes de l'université à tous ceux qui n'ont pas eu la chance de suivre des études secondaires.

Au même moment, Papou, son beau-père, lançait avec une poignée d'amis l'ADMD, l'Association pour le droit de mourir dans la dignité. Aucun rapport de cause à effet avec le tempérament de feu de Maryse : ainsi parlait mon père, avec cet humour pince-sans-rire qui le caractérisait, surtout quand il avait descendu un ou deux verres et qu'il s'était disputé avec ma mère. Leurs querelles éclataient sans raison particulière. C'était pour eux une façon de rester focalisés sur un conflit qui n'avait aucune chance de jamais se résoudre. Le plaisir du sport, en somme. Il fallait qu'ils se disputent, voilà tout. Pour rien.

*

Ma mère a eu deux fois deux garçons de deux pères différents, à deux ans d'écart chaque fois. Ayant accouché dans l'eau à la clinique de Bagnolet, elle est ensuite devenue membre de la Leche League, une association qui milite pour l'allaitement. Ce fut pour elle le début d'une carrière de mère nourricière, avec le sens de la démesure qui la caractérise. C'est aussi à ce moment-là qu'elle s'est laissé pousser les cheveux. Jamais je n'avais vu ma mère aussi féminine! Elle portait désormais des bijoux africains et des robes blanches à broderies anglaises parsemées de petits miroirs.

Elle avait trente-huit ans à la naissance de David, quarante à celle de Thomas, mais elle les a allaités tous les deux. Elle débordait du lait qu'elle n'avait pu nous donner: à l'époque, on lui avait dit qu'elle n'en était pas capable. Ce fut pour Maryse une revanche et un triomphe. La louve nourrissant Romulus et Remus! À l'arrivée du second, elle n'avait pas fini d'allaiter le premier. Elle les nourrissait à la demande et ils en ont profité jusqu'à l'âge de trois ans. Je revois le grand débouler au milieu de mes copains et se jeter sur Maryse qui portait d'ingénieux bonnets munis d'un scratch – une invention de la Leche League dont elle n'était pas peu fière. Le gamin dégrafait lui-même sa mère et pompait avidement son lait, à la stupéfaction de tous les présents qui assistaient pour la première fois au spectacle de la tétée moderne…

Je relis ces pages et me demande ce qu'en pensera ma mère. Sera-t-elle surprise? Elle s'imaginera peut-être que je dis d'elle moins de mal que je n'en pense. Peut-être décidera-t-elle de convoquer un G12 familial pour le faire accoucher d'un «traité de Marseille» – ville où elle habite aujourd'hui. Peut-être va-t-elle me déclarer la guerre, une guerre massive, nucléaire, destinée à transformer mon appartement en parking et à vitrifier mon cadre de vie comme les Américains ont vitrifié Hiroshima et Nagasaki.

Ou bien, plissant les yeux et secouant la tête dans tous les sens, lâchera-t-elle un éclat de rire. À moins qu'elle n'entreprenne de saouler son entourage. On entendra sa voix jusque dans les taxis, jusque dans les calanques les plus retirées, jusqu'à la poste de Manosque, où l'on finira par me haïr à force de l'entendre parler de moi !

Peut-être affirmera-t-elle que ce livre, au fond, n'est qu'une longue et belle lettre d'amour à elle adressée ! Une lettre que, par pudeur ou timidité, j'ai préféré publier plutôt que de la glisser dans une enveloppe. Ou bien encore, elle se dira que je suis à côté de la plaque, hors de la réalité.

Quoi qu'il en soit, elle ne tiendra pas longtemps la même position. Je sais depuis l'enfance qu'elle ne cesse de changer d'avis – plus vite que de mari. Même quand elle parle d'elle-même, les versions varient. Un jour, son père la battait ; le lendemain, il n'a jamais levé la main sur elle…

Lorsque j'étais adolescent, elle me mettait méthodiquement les nerfs à vif par des remarques qui ne servaient, de son propre aveu, qu'à cultiver le paradoxe. Elle affirmait le lundi que j'étais un artiste. Le mardi, elle me voyait en parfait fonctionnaire. Le mercredi, elle me conseillait de me chercher un travail dans lequel j'aie un peu de talent. Le jeudi, elle trouvait que je jouais bien du piano… et le vendredi, elle se plaignait que j'en joue exprès pour lui casser les oreilles !

Comment pourrais-je oublier qu'à l'adolescence elle m'offrit un livre intitulé *Le Complexe de Jocaste* ? Le complexe d'Œdipe traite de la relation entre le père et la fille ; le complexe de Jocaste, de la relation entre la mère et le fils. Ma mère m'avait fait cadeau de ce volume avec toute l'assurance pédagogique de qui vous veut du bien. Sauf que moi, j'avais trouvé ce geste très gênant. J'avais rougi. J'avais ressenti une douleur aux oreilles, une espèce de brûlure qui me lançait et me rappelait les otites à répétition dont j'avais souffert enfant. Et le malaise en moi allait grandissant, comme une lourdeur qui annonçait la nausée.

Au fond, il y a toujours eu un malentendu entre nous. Et ce malentendu a atteint son apogée en 2007. Par un échange de lettres, j'ai appris qu'elle avait oublié de m'inviter à une cérémonie pour les dix ans du décès de ma grand-mère, la femme que j'ai le plus aimée dans ma vie ! Tout le monde était là pour lui rendre hommage, sauf moi. Pourquoi ? À cause de mes « colères », écrivait ma mère, qui « effraient tout le monde ». J'ai très mal pris d'avoir été écarté de cette commémoration, d'avoir été banni, ainsi que je lui ai répondu, des « circonstances les plus belles, les plus intenses, de la plus émouvante des réunions, si rares dans notre histoire commune à tous les cinq ».

Cette mise à l'écart m'a paru d'autant plus regrettable que ma mère n'hésite pas à m'inviter à régaler la famille quand ça lui chante. Ainsi ce 10 février 2007, date de son anniversaire, où nous nous sommes tous retrouvés, à son initiative, dans un restaurant que je n'aimais pas. J'ai eu le sentiment de n'être là que pour régler l'addition. Ce dîner, émaillé des provocations de ma mère, m'a laissé un affreux souvenir. Je sais aujourd'hui qu'il n'est pas sans rapport avec le regrettable incident qui devait éclater trois jours plus tard lors d'un vol Air France dont la presse a tellement parlé – et sur lequel je reviendrai.

Pour dire la nature de ma relation avec ma mère, je songe à ces mots que je lui écrivais en octobre 2007 : « Je me suis éloigné de toi, je suis parti avant mes dix-huit ans habiter chez mon père, pour me donner une chance de tracer ma propre route intellectuelle, pour ne pas étouffer sous ton emprise, sans limite, sans pudeur intrusive et toxique pour un enfant qui cherche simplement sa liberté.» Et ce passage encore, qui me revient en mémoire: «Tes spirales nombrilistes sont touchantes, elles me charment parfois, comme lorsque tu me dis que tu apprends le hongrois, que tu achètes une maison en Hongrie – comme ton père, celui qui, dis-tu, te "tabassait comme du plâtre" et dont tu suis pourtant la trace, pour ne pas dire que tu marches dans ses pas. Pas moi. Désolé, maman: plus tu me bats, moins je t'aime.» Et enfin: «Maryse, tu as soixante-sept ans, moi quarante-trois, et tu m'infantilises alors que tu devrais me grandir et me libérer dans mon apprentissage de père.»

Voilà qui donne le ton. Ce n'est pas que je ne reconnaisse pas à ma mère des qualités, et même une gentillesse sincère, mais de même qu'elle ne voyait en moi qu'un enfant sans avenir, elle s'acharne à glisser de la perfidie dans notre relation, alors qu'elle devrait s'efforcer de jouer franc jeu et de chercher à apaiser les plaies.

*

Mon père était fils unique, mais pas ma mère. Maryse a une grande sœur et un demi-frère, Paul Samuel, né du premier mariage de mon grand-père.

À l'heure où j'écris ces lignes, Paul exerce toujours le métier de cardiologue à Great Neck, une banlieue chic de Long Island, au nord de New York. Il possède une Cadillac marron glacé, intérieur aubergine, qu'il a coutume de faire stationner devant sa maison, le long du trottoir, et non dans son garage. Cette voiture me paraissait sublime. Quand je lui disais que je n'avais jamais rien vu d'aussi beau – à part les jambes hors catégorie de Marianne G. –, il me répondait, avec le même sourire symphonique que son père :

— *Well, it's a Cadillac !*

Je m'asseyais à côté de lui, à la place du passager, et j'étais comme François Ier dans son carrosse. Nous planions au ralenti, comme dans un hydroglisseur. Il me permettait de changer les vitesses de sa boîte semi-automatique et souriait quand j'actionnais le manche chromé.

Je me souviens de parties de football américain avec les enfants du quartier, en face de chez lui, sur la pelouse impeccable d'un de ces jardins sans barrière comme on en voit dans le New Jersey et jusqu'au Massachusetts.

Joe Montgolfier, le facteur, se chargeait d'organiser les rencontres à six contre six. Il portait manifestement une grande souffrance secrète ; il avait pourtant l'air de s'amuser encore plus que nous.

Plus tard, mon oncle Paul et sa femme Gaby m'ont dit qu'il élevait seul ses jumelles. Sa femme était morte en couches, comme au XIXe siècle, en mettant ses bébés au monde dans leur maison en rondins de l'Illinois, au bord des grands lacs. Là-bas, Joe était garde-pêche. Désormais, il vivait avec ses parents.

Entre les phases de jeu, il discutait avec les mamans. C'était l'heure du goûter : cake aux raisins et au rhum préparé par la grand-mère des jumelles. J'en profitais pour fureter dans la sacoche du facteur... Discrètement, je passais en revue les enveloppes, je les lisais des deux côtés. J'étais si impatient de recevoir un mot de Marianne G. !

C'est ainsi, en feuilletant le courrier dans le sac du facteur, que j'ai découvert une carte postale à mon nom, coincée entre un exemplaire de *Sports Illustrated* et une lettre de l'American Express. La carte montrait d'un côté les gorges du Verdon – de minuscules canoës jaunes passant sous une arche – et, de l'autre, un texte bref, rédigé d'une écriture droite, lumineuse, parfaite. Une belle écriture de fille. Le texte se concluait par ces mots : « Florence qui t'aime. »

Soudain le silence s'est fait dans mes oreilles ; j'étais coupé de la planète Great Neck.

Florence : ma cousine. Quelle terrifiante déception. Car si je flirtais avec mes cousines Florence et Adrienne, c'est de la main de Marianne que j'aurais voulu recevoir ces mots. Mais Marianne restait sourde à mes lettres d'amour. Je lui écrivais pourtant chaque semaine ! Je lui apprenais que j'avais sauté du plongeoir de dix mètres, ou je lui racontais en détail un film qui n'était pas encore sorti en France. Je rédigeais ma lettre en français, puis je la traduisais en anglais, voire en yiddish avec l'aide de Gaby. Mais comme j'étais timide, je tâchais en même temps de me débrouiller pour qu'elle ne devine pas mes pensées.

Le père de Marianne était croate. J'imaginais qu'ils devaient passer les vacances en Croatie. Marianne devait sortir avec des garçons bronzés plus grands que moi. Ou alors elle m'avait répondu en croate, et la poste américaine n'avait pas été capable de déchiffrer l'adresse…

J'étais fou de Marianne – un garçon manqué, un vrai petit chenapan à la peau mate dont les courts cheveux noirs faisaient des anglaises minuscules et se cachaient derrière ses jolies oreilles, pareilles à des nids de serpent. Je l'aimais depuis que mes parents m'avaient donné la permission d'aller dormir chez elle quand nous avions dix ans. Elle avait une sœur, Hélène, qui était très sérieuse. Nous avions joué au trampoline sur le lit de Marianne. J'étais émerveillé de voir qu'elle arrivait à sauter jusqu'au plafond, vêtue d'une grande culotte orange qui servait de rampe de lancement à ses deux jambes longues comme des autoroutes ; après ses séries de bonds, elle me prenait la main et la posait sur son torse lisse pour me faire sentir la chamade de son cœur.

Mais maintenant, j'avais onze ans et elle gardait le silence, alors que je passais l'été aux États-Unis chez mon oncle Paul dont l'adorable épouse, Gaby, m'aimait et me couvrait d'attentions excessives. Elle avait une voix forte, métallique, envoûtante, retentissante quand elle parlait au téléphone, dans la cuisine. Un téléphone mural dans une cuisine ! Immense, de style country, elle donnait sur le jardin. Il m'arrivait souvent d'y débouler en roller-blades : peu doué pour ce sport, je finissais en général aux pieds de Gaby qui riait et me passait tout, même de casser ses assiettes…

*

Au petit déjeuner, Gaby nous servait, à Adrienne et moi, trois pancakes empilés que nous arrosions de sirop d'érable. Telle la lave d'un volcan, il traversait lentement les trois couches de froment avant de se répandre dans l'assiette. Nous ne manquions jamais d'ajouter au sommet de ces montagnes non pas une noisette, mais une grosse noix de beurre. Chez les Samuel, il n'était pas question de prononcer le mot «cholestérol», pas plus au petit déjeuner qu'à l'heure de l'apéritif.

À 19 heures, mon oncle d'Amérique avait coutume d'aller dans sa bibliothèque – une petite acropole où s'élevaient des colonnes de livres de médecine – se servir coup sur coup deux bloody mary. Au premier, j'accordais dix secondes d'espérance de vie – et c'était généreux. Pour le second, mon oncle prenait son temps. Souvent, il le rafraîchissait d'un cube de glace et d'une rasade de vodka de mes ancêtres. En bon médecin, il tuait ses microbes avec des averses de Tabasco et de sel de céleri préparé par Gaby elle-même.

Le dimanche matin, tandis que Paul rattrapait son retard de sommeil, ma tante s'habillait pour la cérémonie gastronomique. Elle avait beau avoir la cinquantaine, je la trouvais drôlement sexy. Elle couvrait ses mèches grises d'un turban turquoise qui donnait des reflets tropicaux à ses yeux gris taupe aux éclats violets, agrandis par le maquillage. Elle portait une robe simple, marine ou blanche, étroitement serrée d'une ceinture de daim aussi fine que ses doigts. Elle enfilait des bas foncés et des mules à pompon – ces mêmes pompons doux et flous dont les femmes se servaient autrefois pour lisser leur maquillage. Par-dessus sa robe, elle passait un tablier en vichy blanc et bleu ciel qui portait l'inscription: «Silence! La chef travaille.» Car elle surveillait la cuisson de ses choux farcis à la roumaine, qui mijotaient depuis la veille au soir dans une cocotte orange assez grande pour nourrir un régiment. Tout serait prêt pour le déjeuner, à 15 heures, qui se déroulerait sur fond de valse viennoise tournant sur le Teppaz du salon.

En attendant, la chef se concentrait sur son sel de céleri. Elle effilait les branches crues avec la délicatesse qu'elle aurait mise à ôter des bas de soie. Ensuite, elle les disposait en haut du four pour les y faire sécher pendant quatre heures et demie. Puis elle allumait le gril quelques minutes, afin que les bâtonnets parfaitement cuits à cœur deviennent aussi friables que des biscottes. Il restait à les piler dans un mortier en pierre et à mélanger la poudre recueillie à parts égales avec de la fleur de sel – ou plutôt à 40/60, avantage au sel. Gaby donnait à son chef-d'œuvre une touche finale en ajoutant quelques millimètres cubes de piment d'Espelette réduit en poudre avec un vieux moulin à café.

Le cérémonial se déroulait ainsi : Gaby saupoudrait de généreuses quantités de son mélange dans une assiette plate, veillant à ce que les réserves soient suffisantes jusqu'au samedi suivant. Puis on en humectait de citron vert le bord d'un verre que l'on renversait dans l'assiette. Suivait la rasade de vodka.

Mon oncle avait pris son petit déjeuner à 13 heures : du jus de tomate importé de Provence, arrivé congelé sous forme de briques, auquel il ajoutait trois gouttes de Tabasco et deux traits de citron jaune. De quoi réveiller un mort, ce qui ne manque pas d'utilité quand on exerce la profession de cardiologue.

Maintenant, c'était l'apéritif. Gaby servait des olives noires marinées dans l'ail et les feuilles de laurier. Elles arrivaient dans un bol couvert d'inscriptions en yiddish vantant les trésors de la Terre Promise, où coulaient le lait et le miel.

Paul Samuel partageait avec nous tous les repas. Même en semaine, il rentrait de l'hôpital pour déjeuner en notre compagnie. À table, il se nouait autour du cou un immense torchon blanc qui recouvrait son costume de flanelle gris perle ou anthracite. Soucieux d'élégance, il apparaissait le matin avec un filet sur ses cheveux mouillés, telle Bette Davis dans *All about Eve* de Mankiewicz.

Il aimait sa vie, dont chaque parcelle lui était source de plaisir. Cet immense cardiologue partageait son temps entre ses rendez-vous à l'hôpital et ses consultations privées à Great Neck. On murmurait dans la famille qu'il était passé tout près du Nobel pour son travail sur la motricité des ventricules. Était-ce vrai ? Son fils, Robert-Marc, le frère d'Adrienne, en était convaincu.

— *My father is a pure talent of intelligence*, disait-il.

Et c'était pour ajouter aussitôt :

— *So am I. I'm a genius !*

Chez eux, j'étais au sommet du bonheur.

*

Aujourd'hui, Paul me manque beaucoup. Il n'est pas revenu en France depuis le décès de son épouse, Gaby, disparue trois semaines après leur dernier séjour en Europe.

Gaby, en réalité, était venue nous dire au revoir. Sans faire allusion, toutefois, au cancer qui la dévorait. La nouvelle m'est arrivée un matin à 6 heures. Un coup de fil reçu chez mes parents – leur téléphone fixe en bakélite noire, l'écouteur collé à mon oreille où résonnait la voix d'Adrienne :

— *You won't see Gaby anymore, John-Luke. Last night, she passed away.*

J'ai laissé exploser mon chagrin. J'ai pensé au courage et à la dignité de ce couple. J'ai songé à la souffrance de Paul, ce grand médecin qui n'avait pu sauver sa femme et s'était endormi auprès d'elle jusqu'à la dernière nuit. Il devait me raconter plus tard les crises de panique qui le tétanisaient quand il voyait que Gaby n'arrivait plus à retrouver son souffle.

Tout à l'heure, j'appellerai Paul. Je ne lui ai pas parlé depuis trop longtemps. Je l'aime très fort. Je l'admirais. À la fin des repas de famille, il récitait par cœur « Après la bataille », le bouleversant poème de Victor Hugo, que je connais moi aussi depuis sur le bout des doigts :

Tout à coup, au moment où le housard baissé
Se penchait vers lui, l'homme, une espèce de Maure,
Saisit un pistolet qu'il étreignait encore,
Et vise au front mon père en criant : « Caramba ! »
Le coup passa si près que le chapeau tomba
Et que le cheval fit un écart en arrière.
« Donne-lui tout de même à boire », dit mon père.

Cet extrait emprunté à *La Légende des siècles* fait partie de mon anthologie personnelle, où je place aussi le monologue de Perdican à Camille dans *On ne badine pas avec l'amour*, d'Alfred de Musset – qui devait mourir d'amour et d'alcoolisme à quarante-sept ans. Le fameux monologue intervient à la fin de la pièce. Après leur rendez-vous manqué, Perdican fait ses adieux à Camille, qui va entrer au couvent. Elle appelle orgueil ce qui n'est au fond que vanité :

Tous les hommes sont menteurs, inconstants, faux, bavards, hypocrites, orgueilleux ou lâches, méprisables et sensuels ; toutes les femmes sont perfides, artificieuses, vaniteuses, curieuses ou dépravées ; le monde n'est qu'un égout sans fond où les phoques les plus informes rampent et se tordent sur des montagnes de fange ; mais il y a au monde une chose sainte et sublime, c'est l'union de deux de ces êtres si imparfaits et si affreux. On est souvent trompé en amour, souvent blessé et souvent malheureux ; mais on aime, et quand on est sur le bord de sa tombe, on se retourne pour regarder en arrière, et on se dit : « J'ai souffert souvent, je me suis trompé quelquefois, mais j'ai aimé. C'est moi qui ai vécu, et non pas un être factice créé par mon orgueil et mon ennui. »

Il y a bien d'autres textes dans mon florilège. Nous les disons parfois dans les vapeurs d'un bon repas, avec Paul s'il est là, avec ma mère toujours : elle connaît des centaines de poèmes, qu'il lui arrive de mélanger après quelques verres… « Je voudrais pas crever » de Boris Vian, « La chasse à la baleine » de Jacques Prévert, « L'invitation au voyage » de Baudelaire. Il y a la « Bohème » d'Arthur Rimbaud et celle de Charles Aznavour. Il y a le « Ce n'est pas ma faute » des *Liaisons dangereuses* :

Adieu, mon Ange, je t'ai prise avec plaisir, je te quitte sans regret : je te reviendrai peut-être. Ainsi va le monde. Ce n'est pas ma faute.

Il y a la tirade des « non, merci ! » de *Cyrano*, moins spectaculaire, peut-être, que celle du nez, mais combien plus profonde et pertinente, à l'image de ce que personne ne parviendra à lui prendre : son panache ! La fin est une pure profession de foi : « Ne pas monter bien haut, peut-être, mais tout seul ! » Sublime aussi, sa sortie sur les vertus du baiser, lorsque Cyrano se fait passer pour le beau Christian, caché dans la nuit, au pied du balcon de Roxane :

Un baiser, mais à tout prendre, qu'est-ce ?
Un serment fait d'un peu plus près, une promesse...
C'est un secret qui prend la bouche pour oreille,
Un instant d'infini qui fait un bruit d'abeille...

Un soir de fête, alors que nous bavardions avec Marianne sur le balcon de ses parents, j'avais déclamé cette tirade des baisers, que j'avais répétée la veille, certain de pouvoir échapper à la surveillance des adultes le temps d'une déclaration et d'une Royale menthol. Marianne m'écouta avec attention, puis décréta qu'elle préférait jouer au trampoline : le bourdonnement de ces bestioles ne l'intéressait pas. En conclusion, elle détestait les insectes et le miel qui colle aux doigts. Quant aux baisers, sa sœur Hélène lui avait dit que c'était dégoûtant. Fin du chapitre.

Cette fois ma défaite était sans appel. Tant pis pour moi, tant pis pour elle, me disais-je, vexé comme un pou – pour rester dans le registre des insectes. J'étais un incompris. Désormais, j'envisageais sérieusement d'aller m'établir à Belle-Île-en-Mer et de m'y dévouer à la noble profession d'apiculteur. Un jour, je fabriquerais du miel pour une reine qui aimerait ça, dont je recevrais un baiser au goût de miel iodé... Happy l'apiculteur !

*

Ma mère a aussi une grande sœur, dite Louli, qui a fait fortune dans le port de Brazza, au Congo-Brazzaville.

Son deuxième mari y avait une entreprise de nettoyage de bateaux.

Louli est une petite femme qui ne laisse rien paraître de sa puissance de feu, qui pourtant brûle en elle au travail. Elle est petite, mince et douce. Sa chevelure blond orangé se tient dressée toute seule, sans soutien, tel le bonnet à poil des Horse Guards. Elle affiche une élégance discrète : tons pastel, escarpins beiges assortis à des lunettes de vue à grosse monture dont les verres s'assombrissent au soleil.

Pour elle, pas de demi-émotions. Elle sourit en regardant la table du déjeuner ou en inspectant ses souliers, à grand renfort de rotations de chevilles. Puis elle se met à raconter de belles histoires de famille, avec plus de précisions que ses deux sœurs. Lorsqu'elle en vient à ses enfants ou à son premier mariage, elle se met à pleurer – mais sans cesser de sourire. De grosses larmes roulent alors sur son tendre visage. Elle laisse échapper un rire nerveux. Tout à coup, elle est seule au monde. Elle se lève pour aller prendre un médicament.

Louli et son second mari, Roger, vivent aujourd'hui en Andorre. Roger est très drôle. Il m'a raconté qu'au Congo, il avait en poche une carte de tous les partis politiques. Ainsi, quand sa femme et lui étaient interpellés dans une manifestation, il pouvait brandir la bonne carte en disant : « Les gars, pas d'erreur, on est de votre côté ! » Et Louli de conclure avec un sanglot dans la voix :

— C'était le bon temps !

Roger a beaucoup de respect et d'adoration pour sa femme. Ce qui ne l'empêche pas, lorsque nous nous voyons, de me parler de fesses et de rien d'autre ! Je perçois alors chez lui un océan de frustration. M'ayant raconté leur soirée de la veille au Lido avec ma grand-mère, il lâche par exemple ces mots :

— Toi et moi, mon Jean-Luc, on est pareils. Regarder sans toucher, y'a pas à dire, c'est frustrant. Qu'on me fasse aveugle ou manchot !

Louli est cliente de ses provocations grivoises. Pourtant, elle est plus triste que lui. Peut-être parce qu'elle a dû travailler trop dur pour bâtir leur fortune en Afrique de l'Ouest, en tant que comptable et grand argentier de leur entreprise, responsabilité qui l'obligeait à se lever tous les jours à 4 heures.

Désormais, si elle tient, c'est grâce à de fortes doses de Xanax, qu'elle range dans une boîte en argent ciselée ramenée d'Afrique. Roses, les Xanax : les connaisseurs apprécieront.

Louli ne me parle plus depuis que j'ai oublié de lui téléphoner le jour de la naissance de mon fils Jean. Je ne l'ai appelée que le lendemain. Pour elle, c'était trop tard. Elle m'a raccroché au nez. Une bêtise de ma part…

Verrières-le-Buisson

J'ai grandi jusqu'à l'âge de six ans à Verrières-le-Buisson, petite ville de l'Essonne en lisière de forêt, au sud-ouest d'un département français parmi les plus peuplés.

Mes souvenirs de cette époque sont à la fois rares et fort peu paisibles. C'était avant le divorce de mes parents, qui s'était laissé annoncer. La tension était palpable. Dès quatre ans, je la percevais. Leurs disputes étaient vives et spectaculaires. Heureusement, elles ne duraient pas longtemps. Je redoutais davantage les périodes de tranquillité – de fausse tranquillité, devrais-je dire, tel le calme qui prélude à la tempête.

Un matin, j'entre dans la cuisine en poussant de ma petite main la poignée à hauteur de mon visage. Par l'entrebâillement, j'aperçois le visage de ma mère, debout face à moi, de l'autre côté de la pièce. Elle paraît furieuse. On dirait un dragon importuné dans sa caverne et qui ne songe qu'à se venger. Bouillante de colère, elle s'apprête à lancer un cendrier à la tête de mon père qui, assis à deux mètres de moi, de dos, lit son journal à la table du petit déjeuner.

Le lancer de cendrier a lieu. Mon père ne lâche même pas son journal. Il se penche brusquement, soulevant les épaules jusqu'aux oreilles pour se faire aussi étroit qu'un os et esquiver le missile. Le cendrier de verre finit sa trajectoire dans la porte vitrée de la cuisine. Bada! comme dirait aujourd'hui mon fils. Nulle blessure à déplorer. Seulement des dégâts matériels : le cendrier et le carreau de la porte. Grimace de ma mère, effarée. Puis mon père jette par-dessus son épaule un regard interlope. Il n'a toujours pas lâché son précieux journal. J'entends crier ma mère et grogner mon père. Marie-Hélène, ma nounou adorée de dix-sept ans, surgit dans la cuisine avec une expression de stupeur.

Plus de peur que de mal. Mais la peur peut faire mal, comme je viens de le comprendre.

*

Je revois les matins d'hiver. Maryse, ma mère, soufflait sur la clé gelée, puis forçait la serrure en fer-blanc de sa 4CV vert olive ; elle finissait par verser sur la serrure récalcitrante le contenu de sa tasse américaine – ce *mug* qui ne la quittait jamais, qu'elle emplissait le matin de café au lait fumant, et grâce auquel se concluait l'ouverture de la portière rebelle.

Durant les trajets matinaux, le comportement atomique de ma mère m'inspirait plus de curiosité que d'inquiétude. J'étais assis à l'arrière, pelotonné dans un pull au crochet maison, couleur bleu pétrole. Mon écharpe n'était qu'aux deux tiers assortie : madame ma mère avait manqué de laine. Le dernier tiers était écru et réalisé au point mousse. Ce qui me valait jour après jour l'inévitable remarque de mon ami Gildas :

— Ils font les mêmes pour homme?

Je répondais par un rire qui m'apparaît, avec le recul des années, couleur de la petite honte : bien jaune, acide comme un citron.

Chaque matin, pour éviter la nationale 20, ma mère empruntait les routes de traverse de Verrières-le-Buisson, puis elle gagnait le parc de Sceaux où, sans descendre de voiture, elle me déposait devant l'école du Père Castor ; après quoi elle filait jusqu'au collège Maurice-Thorez de L'Haÿ-les-Roses.

En route, je caressais mon livre-doudou, celui que mon grand-père paternel m'avait offert à ma naissance. Près de moi, posé sur la banquette, mon cartable avait pour emblème la tête de Skippy le kangourou dont les pupilles s'agitaient sous leurs capsules en plastique, entre les poches à crochets. Skippy me rassurait. J'avais l'impression qu'il se moquait des embouteillages et des rouspétances de ma mère. Son regard sautillait au rythme des soubresauts d'un moteur qui avait largement dépassé les 100 000 kilomètres et avait fréquemment des ratés.

Je revois ma chère mère, à bord de sa 4CV, à l'heure du départ pour l'école – elle au collège où elle enseignait, moi en primaire. Elle profitait des feux rouges pour corriger des copies sur ses genoux. Je ne me lassais pas de l'observer. Rageusement, elle rayait un mot, transformait un 9 en 7, houspillait l'automobiliste qui klaxonnait derrière parce qu'une fois de plus elle avait calé.

— Connard ! criait-elle en tapant sur le volant à trois branches en plastique gris pâle.

D'autres fois, c'était le garagiste qui était traité de « feignant » parce qu'il avait omis de changer le gicleur. Après quoi elle redémarrait péniblement, tout en inscrivant sur la copie d'un élève: «Quel fumiste!»

Ma mère était nerveuse, l'automobile ne l'était pas: elle et moi aurions préféré le contraire.

*

Nous habitions un peu à l'écart de Verrières, à quelques centaines de mètres du bourg proprement dit, une barre de six étages dans le style Pailleron de triste mémoire. Nous ignorions alors que ces tours de deux mille habitants et quelques étaient bourrées d'amiante comme des pains au chocolat. Plus exactement, nous ne connaissions pas les effets nocifs de ce matériau.

L'ensemble, à dix-huit kilomètres de Paris, était entouré de parkings aussi grands que des stades brésiliens. Pour se rendre en ville, il fallait longer un bois d'érables et traverser des champs de maïs. Avec mon copain Pierre-Miche, nous avions construit dans le sous-bois une cabane spartiate où nous ne pouvions nous tenir qu'assis ou couchés. En général, nous y restions assis en tailleur, à inventer une espèce de civilisation étrangère aux adultes. Marilyne, la mère de Pierre-Miche, nous autorisait à y poursuivre nos palabres; elle nous couvrait même vis-à-vis de mes parents, qui ne voyaient pas ces jeux d'un très bon œil, et nous donnait, pour les manger sur place, de grosses moules cuites dans un court-bouillon safrané.

Notre sous-bois était un bout de nature sans animaux ni grands arbres, mais il était à notre échelle et nous plaisait ainsi. De là, nous pouvions observer les vastes clairières qui offraient à mon imaginaire un espace considérable. J'y écrivais mentalement les *Aventures de Peter-Michael et John-Luke*. Ces deux protagonistes avaient un invisible chef : David Vincent. Dans mon histoire, les figurants bizarres de Verrières-le-Buisson incarnaient les envahisseurs !

Les pelouses de la cité avaient beau être « interdites », c'est là que nous avions l'habitude de jouer au foot. J'étais le plus souvent gardien. Les cages étaient matérialisées par des amoncellements de T-shirts : nous étions trop impatients de taper dans la balle pour prendre le temps de planter des bâtons pourtant faciles à trouver, étant donné la proximité de la forêt. Il est arrivé plus d'une fois que ma tête ronde soit confondue avec le ballon ! J'ai laissé dans ces heurts un morceau d'incisive et un autre de canine : du coup, j'avais du côté droit un sourire de louveteau. Mais mon côté gauche, hélas, trahissait la vérité de mon âge et la simplicité de mon caractère : j'avais une petite tête d'agneau de lait !

Du haut de notre tour, j'observais le monde. Car dans le scénario de mon film d'aventures, Pierre-Miche, *alias* Peter-Michael, était l'homme d'action ; tandis que moi, John-Luke, j'étais l'ami, l'Indien mutique, l'observateur, l'éclaireur. De chez moi, je surveillais les allées et venues des voitures, des vélomoteurs et des camionnettes. Je contrôlais la situation.

Nous habitions au quatorzième étage de la tour 14 qui en comptait quinze. Quand mes parents étaient au collège, mon frère et moi étions placés sous la surveillance de Marie-Hélène. Elle était aux petits soins et nous emmenait nous promener. Sa principale mission consistait à me tenir aussi éloigné que possible de Pierre-Miche et des autres garnements qui sévissaient dans la bonne ville de Verrières. Tels étaient les ordres de ma mère, qui avait décidé que je maîtriserais parfaitement la lecture dès l'âge de quatre ans.

Moi, je ne songeais qu'à scruter l'horizon du haut de ma falaise. Je distinguais au loin la tour de contrôle d'Orly, le passage des avions, la brume grise sur Paris. Les champs étendaient à perte de vue leurs teintes plus brunes que vertes. J'apercevais ici et là de petites maisons. Les tours 13 et 15 me faisaient peur: elles me semblaient monstrueuses, presque collées à nos fenêtres côté ouest, où se trouvaient le salon et le bureau où j'étais obligé de potasser jour après jour mon alphabet.

Je préférais de beaucoup la vue que nous avions côté chambres – celle de mes parents et celle que je partageais avec Philippe, mon frère cadet de deux ans. Cette chambre était mon nid d'aigle. J'y passais des heures à surveiller les mouvements sur le parking, en contrebas, imaginant la vie des résidents en fonction de leurs déplacements, avec le sentiment de comprendre leur langage non verbal. Je me prenais pour Geronimo.

Je guettais le retour d'une 4CV vert olive qui me faisait penser à une grenouille défraîchie, tant sa carrosserie était abîmée par le soleil et les intempéries. Une autre 4CV arrivait plus tard. Celle-là était bleu postal. Mais la plus importante, à mes yeux, était la verte. Je la guettais tout en poursuivant mes observations. Tous les soirs, les deux véhicules dormaient face à face. C'étaient les voitures de mon père et de ma mère. Face à face: je n'ai jamais vu mes parents autrement.

L'apparition de la 4CV vert olive était comme le coup de pistolet frappant l'oreille du sprinter. Top chrono : filer le long du couloir, faire couler un bain, revenir au galop dans la chambre, repousser sous le lit, du plat du pied – à la Michel Platini ! –, les jouets qui n'étaient pas rangés, bien rabattre les bords de la couette à motifs, repartir sans perdre une seconde, gagner la salle de bains, me déshabiller, ralentir, faire semblant de plier mes vêtements et sauter dans l'eau sans éclabousser, en espérant que le bain soit à bonne température.

Je suivais la suite des événements à l'oreille : la porte d'entrée qui s'ouvre, les bises qui claquent sur les joues, les questions murmurées, les réponses de Marie-Hélène, la chorégraphie de ces femmes qui se rapprochaient du salon et rejoignaient, à l'autre bout du vaste appartement, le tout petit bureau qui était pour moi de la plus haute importance.

Ce salon ne faisait que huit mètres carrés, mais c'était une pièce impressionnante. On se demandait comment on avait pu y faire entrer autant de livres et de manuels. Il y en avait des piles et des piles, qui s'élevaient parfois comme des tours de Babel, certaines à l'envers : les plus grands au-dessus et les plus petits en dessous !

On y avait installé des étagères bancales. Ce travail était l'œuvre d'un garçon fougueux prénommé Jean-Michel. À dix-neuf ans, il venait de sortir de prison. Il avait braqué une banque de quartier avec un pistolet à eau. Ce geste désespéré lui avait été dicté par la mort de sa mère. La pauvre femme avait succombé à une grippe que personne n'avait voulu soigner, sous prétexte qu'elle n'avait pas la Sécurité sociale. C'était une Espagnole qui, depuis vingt-sept ans, travaillait sans être déclarée. Son employeur n'était autre que le maire d'une ville voisine. Mes parents étaient allés chercher Jean-Michel à sa sortie de Fresnes. Mais ses étagères n'empêchaient pas le petit bureau d'être jonché de livres. Il s'en élevait partout, du sol au plafond. Le seul côté nu de la pièce était la baie vitrée, qui donnait directement sur quarante-cinq mètres de vide.

Des centaines de livres, donc. Probablement des milliers. Des manuels d'apprentissage de l'anglais tous niveaux, dont mes parents s'étaient servis durant leurs études et qui leur étaient encore utiles à présent qu'ils étaient enseignants. Les manuels de stratégie de mon père – Sun Tzu, Machiavel, Gengis Khan, Napoléon, Churchill. Sans parler des innombrables «Que sais-je?», des Guides bleus et de la poésie classique au format de poche. Je revois aussi les vieux Lagarde et Michard jaunis, usés, dont le dos se détachait, et les romans du XIXe siècle.

Tout en haut, alignés sur une planche au-dessus de la porte, s'apercevaient des éditions plus précieuses: les *Essais* de Montaigne dans une reliure artisanale rouge et noir, le théâtre de Shakespeare en langue originale, dont ma mère avait fait l'acquisition dans une vente aux enchères à Fontainebleau.

Cette petite pièce encombrée servait de bureau et de bibliothèque à toute la famille, Marie-Hélène et Jean-Michel inclus. S'y trouvaient une planche de contreplaqué sur sa paire de tréteaux, deux chaises pliantes jaunes et mon tableau magnétique blanc où tenait mon alphabet aimanté: cinquante-deux lettres – majuscules et minuscules – et tous les signes de ponctuation.

À peine rentrée, ma mère se rendait directement dans ce bureau, Marie-Hélène sur ses talons. D'un regard, elle vérifiait les mots que j'avais composés au tableau : mon apprentissage du jour. Puis elle venait à la salle de bains me donner un baiser. J'avais l'air de tremper depuis un gros quart d'heure, alors que je m'étais glissé dans la baignoire quelques secondes plus tôt. Elle ouvrait la porte et me trouvait en train de me savonner soigneusement les oreilles ou le nombril, car je me lavais de la façon la plus démonstrative, même aux endroits où les autres enfants n'allaient pas. Bref : un ange.

*

À son retour, il était rare que ma mère soit calme. Ses journées avec les sixièmes et cinquièmes du collège de Fontenay-aux-Roses lui brûlaient le système nerveux. D'autant qu'elle préparait, en plus de son travail, l'agrégation d'anglais. Et il ne fallait pas compter sur mon père pour l'apaiser et la détendre. Lui était calme, trop calme pour s'occuper d'elle. C'était un faux dilettante et, en fait, un grand professionnel. Il avait cette théorie qu'un égoïste était quelqu'un qui ne pensait pas à lui – à lui, Jean-Claude ! Autrement dit, il vivait dans son monde. Il y évoluait comme un chat. Il avait, greffée au corps, une légèreté d'être particulièrement insoutenable pour un tempérament aussi sanguin que celui de ma chère maman.

Le monde de Jean-Claude ! Un monde où chacun est soit le papa, soit la maman de ce merveilleux fils universel et prodigue, aussi sensible qu'intelligent et visionnaire. Où qu'il soit, il est habile à inféoder son entourage. Il a un talent renversant pour se mettre en position d'enfant fragile et réveiller le parent adoptif qui sommeille en chacun : qui que vous soyez, vous aurez immédiatement envie de le prendre dans vos bras et de le ramener chez vous.

En fait, le fils unique de Papou et de Mamie était aussi celui de ses propres enfants. J'avais dix ans quand il eut à mon égard un geste proprement filial, que je ne saurais oublier : il me nomma solennellement responsable de la communication de sa première association historique, créée quatre ans plus tôt : la FUTR – Fédération des usagers des transports de la région parisienne. Sur mes conseils, le mouvement changea rapidement de nom pour devenir la FUT, plus simplement. À cause de l'incisive et de la canine que je m'étais brisées en jouant au foot sur les pelouses pelées de Verrières, je n'arrivais pas à prononcer correctement l'appellation initiale !

Précisons que mon père était en train de se forger un avenir marqué par une mobilisation maximale. « Jean-Claude l'Associatif », comme je l'appelle, fondait une nouvelle association tous les quinze jours. C'était sa façon de se placer en hyper-réactivité vis-à-vis d'une actualité déjà fortement secouée par les prémices du premier choc pétrolier. Il entendait voler au secours de toutes les femmes : la veuve, l'orpheline, la divorcée, la jeune mariée, leurs mères, leurs filles – des femmes exclusivement. À mesure qu'il découvrait les scandales dont elles étaient victimes, il devenait président du Comité national antibruit, de SOS Environnement, de l'Association des usagers de l'administration, du Groupement antibizutage, de l'Association des petits porteurs – et des petites porteuses, évidemment.

Dans un de ces moments de génie dont il était coutumier, afin d'y voir plus clair dans son cœur immense, il mit au point un système mnémotechnique lui permettant de se rappeler l'identité de toutes ses obligées, afin de ne pas risquer de manquer de respect à aucune. Cette trouvaille lui a permis de rester des années avec Laure et Laurette sans cesser de visiter Laurence et Florence, Sophie et Sophia. N'était-il pas finalement au service de toutes ? Comme un forain, il s'envolait à tire-d'aile, virevoltant d'une cause à l'autre. Quand une grand-mère – ou sa fille – tombait dans le bus faute de poignées adaptées, c'était généralement chez nous qu'atterrissait la plainte : mon père était le meilleur moyen pour elle d'obtenir réparation. Merci, papa, de m'avoir si tôt permis d'être sensibilisé aux problèmes d'autrui !

En plus de sa folle vie associative, de ses deux mandats successifs au Conseil économique et social – institution à vocation consultative, composée d'experts désignés par le gouvernement, et troisième chambre après le Sénat et le Parlement –, mon père suivait de près le cursus de ses nombreuses étudiantes, ces femmes qui en trente ans ont fait de lui une légende vivante. Combien d'entre elles, rencontrées par hasard, m'ont demandé si je n'étais pas le fils de « cet homme incroyable » ! Car, après s'être lassé des collèges de banlieue, il s'est mis à dispenser des cours de civilisation américaine à la Catho et à Charles-V. Toujours l'habitait cette mission de Robin des villes ; en tout cas, ce grand pédagogue n'hésitait pas à recevoir à son domicile celles de ses étudiantes qui rencontraient des difficultés pour suivre le programme.

Il y a quelques années, nous avons dîné ensemble chez moi et peut-être un peu trop bu. À cette occasion, reposant son languedoc appellation grange-aux-belles, mon père m'a fait une confidence qui m'a surpris.

— Tu n'es pas comme nous, m'a-t-il dit.

Cherchant quelle subtilité cachaient ces mots, j'ai compris qu'il m'avait dit là quelque chose de très gentil. Je lui réponds aujourd'hui par une phrase qu'il comprendra, j'espère, comme j'ai compris la sienne :

— Papa, tu n'es pas comme nous !

*

Mon père, lorsque nous vivions à Verrières, était professeur certifié. Il possédait une intelligence lumineuse et une aptitude à apprendre que j'ai rarement observées ailleurs. C'est bien simple : presse, livres, commérages, il retenait tout, quel qu'en fût le vecteur. Il s'amusait lui-même à glaner des informations sur les femmes qui venaient à traverser son champ visuel.

Pourtant, en dépit de cette mémoire prodigieuse et de ce laser qu'il avait – et a toujours – dans les yeux, il n'était pas question pour lui de s'attaquer à l'agrégation. Il ne voulait même pas l'envisager. Ma mère avait beau le pousser, rien à faire. Il la décourageait même de se lancer dans cette aventure. On aurait dit qu'ils marchaient tous les deux de travers, comme des crabes, sans se lâcher. Et ce tour de force qu'ils accomplissaient : rester face à face, comme leurs 4CV respectives sur le parking ! Comme deux sumotoris avant l'assaut.

A-t-on besoin de comprendre pour aimer ? J'aimais, j'admirais mes parents. Maintenant que le temps a passé, et après deux psychanalyses, je vois ce que je n'ai pas voulu voir pendant une quinzaine d'années. Avec toujours moins de douleur, je reconnais qu'ils m'ont construit en se déconstruisant, qu'ils m'ont appris à développer mon libre-arbitre pour résister à leurs contradictions, appris à me méfier d'eux et de moi, appris à apprendre, en somme.

Car j'avais mes rêves. Je possédais ma liberté ! Il me suffisait de cligner des yeux, le gauche, puis le droit, puis les deux ensemble, sans tricher, sous peine de tout recommencer dans le bon ordre. Je me disais alors en américain, comme je l'avais entendu à la radio : « *Lift off!* » Alors je revoyais la fusée qui s'était envolée pour la Lune deux étés plus tôt, en 1968. Moi aussi je décollais, mais avec mes propres histoires, celles que je brodais et celles que j'avais chipées dans les livres que mes parents reposaient après les avoir fermés.

« Souviens-toi de te méfier » : telle est la devise que Stéphane Mallarmé, dit-on, avait fait graver à l'intérieur d'une bague. Méfions-nous en particulier des préjugés et des *a priori* qu'autrui nous inspire presque toujours. Restons en éveil. Évitons d'entendre, dans le propos de l'autre, ce que nous avions en tête avant qu'il ne prenne la parole. Ne choisissons pas nos amis en fonction de nos goûts, de nos idées ; choisissons-les et aimons-les plutôt parce qu'ils perturbent notre désordre, parce qu'ils nous agacent ou nous font éprouver de sublimes douleurs. Comme le dit Nietzsche, les humains ne sont pas des humains mais « de la dynamite ». Et nous, nous sommes les produits de nos rencontres.

*

J'avais cinq ans lorsque ma vie bascula une première fois. Ma mère était reçue à l'agrégation !

Redevenue jeune instantanément, elle s'acheta d'occasion un petit coupé Honda bleu marine. Je nous revois, fonçant à 180 sur l'autoroute du Soleil, jusqu'aux plages de Pampelonne. Elle conduisait vêtue d'une robe courte en éponge, d'un orange aussi vif que le fruit, et chaussée de cordeuses aux talons joliment compensés. Moi, je mettais ma tête au carreau. J'étais si heureux de changer d'air ! De sentir le vent frais sur mon visage...

Mon père était en voyage avec Philippe. Ma mère et moi étions partis tous les deux rejoindre sur la côte des amis que je ne connaissais pas, mais qui, manifestement, étaient pour elle des intimes. Je me rappelle un quatuor d'hommes sympathiques, des médecins qui travaillaient près du centre commercial de Massy-Palaiseau et se répartissaient la clientèle d'un grand ensemble.

L'un d'eux était particulièrement drôle. Pour m'apprivoiser, il faisait des tours de magie. Il s'appelait Éric Almodovar. Très bronzé, il portait des mocassins Warhol couleur gold, le modèle le plus long – dit « démesure ». Il conduisait en maillot de bain, en tenant le volant d'une seule main. En fait, c'était un philanthrope. Son style, son humanité, devaient m'apparaître après notre retour de vacances. Ma mère lui rendit visite à son cabinet de Massy. La salle d'attente aux murs défraîchis offrait un contraste frappant avec sa Ford Capri mauve. C'était la fin de la journée. La lumière blanche du grand ensemble, traversant la cloison de verre qui nous séparait du monde extérieur, se réfractait sur la table basse en marbre. Une odeur de désinfectant flottait dans l'atmosphère, qui avait quelque chose d'hospitalier.

Tout à coup, la porte s'est ouverte et le docteur Almodovar est apparu, solaire. Encore tout bronzé, il portait une blouse blanche à manches courtes, ouverte sur sa poitrine comme une chemisette. Cette tenue soulignait sa bonne mine et sa musculature nerveuse ; elle permettait aussi d'admirer la montre géante qu'il avait au poignet, dont le diamètre devait approcher celui d'un verre à vin, et au centre de laquelle on apercevait distinctement un lapin blanc aux yeux rouges qui louchait et montrait les dents en remuant la tête au rythme des secondes.

Ma mère, aux anges, le dévorait des yeux – identiques à ceux du lapin, le strabisme en moins. Éric lui a adressé un petit signe. Puis il m'a regardé en pointant l'index sur sa montre, d'un air complice qu'il a souligné d'un clin d'œil. Et, reprenant la conversation téléphonique qu'il venait d'interrompre, il a eu ce mot :

— Richard, tu n'aurais pas une feuille de décès ? Je viens d'en casser un !

À cette époque, même la mort était drôle. Nous avions eu un été joyeux. Ma mère était agrégée – huitième à l'oral ! Mes parents étaient enfin séparés et j'allais bientôt quitter Verrières-le-Buisson pour Paris et la porte d'Orléans. C'était l'année 1969, année érotique. Peut-être pas un grand pas pour l'humanité, mais une étape considérable dans ma vie de petit homme.

Le plus jeune de la bande

Le film *Diabolo menthe* est associé dans mon souvenir à Manuella, une petite blonde remarquablement proportionnée. N'osant décoller mon regard de l'écran, j'avais tout de même essayé d'entreprendre un mouvement conquérant. J'avais passé mon bras par-dessus son épaule – elle n'avait pas protesté. Bientôt ma main se hasardait vers l'entrebâillement de son chemisier. Ma tête devint très chaude et très lourde. Son sein était incroyablement doux. Une extase.

Trois jours plus tard, à la cantine, j'affrontais la rumeur de mon triomphe. Rodolphe, un play-boy propriétaire d'un 103 SP au guidon resserré et d'un casque où flottait une queue-de-renard, est intervenu dans la discussion :

— Tu as fait une descente à la cave ?

La question m'avait scotché. Je rigolais bêtement. C'est alors que Manuella fit son entrée, portant son plateau-repas du bout des doigts, comme une chose étrangère sur laquelle reposaient une assiette de carottes et une compote de pomme : Manuella suivait un régime. Nouvelle intervention d'un nommé Gérard, toujours à mon propos :

— Alors, il l'a faite, cette descente à la cave ?

Silence de plomb. On aurait presque entendu le bruit des têtes qui se tournaient vers nous ; les oreilles poussaient à vue d'œil ; les nuques s'allongeaient.

Le samedi suivant, j'étais au pied de l'immeuble de la jeune fille. La mobylette de Gérard s'y trouvait, garée à droite de la porte. Le deux-roues avait une nouvelle selle biplace. Le guidon était tellement resserré que ses phalanges devaient se toucher quand il conduisait. Son père, mécanicien, s'était lui-même chargé de débrider sa machine, tellement mal rangée que j'ai dû me pencher pour atteindre les boutons de l'interphone – notamment celui du neuvième étage, marqué « Isabelle & Jean-François & Manuella D. ».

En me courbant, j'ai vu que le rétroviseur arborait un autocollant en forme de petit cœur rose. J'ai repensé au réfectoire, à la cave, aux rires bêtes qui avaient fusé quand Manuella avait posé sur notre table son plateau végétarien. J'ai réfléchi. J'étais en avance de douze minutes et Gérard était déjà là ! Mon cœur s'est serré. Je n'avais plus la force de sonner. Je me suis éloigné rapidement.

J'en avais assez de mon physique. Je flottais dans mes chemises. J'étais chaussé de ridicules sabots à la mode. J'aurais voulu des santiags, j'aurais voulu une mobylette. Non pas une bleue, comme celle de Christian, mon beau-père, mais une 103 ou une 102, ou pourquoi pas le nouveau scooter Peugeot, sorti en rouge ou en jaune, qui s'étalait en double page dans *Rock & Folk* et dans *Best*, avec une accroche ainsi troussée : « Avec les deux-roues du Lion, les filles, ça roule. »

C'était le temps où j'aimais le sport et les jeux de stratégie, où je rêvais d'avoir un travail, par exemple chez le pâtissier du quartier : je m'y voyais déjà, derrière le comptoir, en compagnie de Claudine Isartel dont je pourrais enfin admirer les jambes, tout en l'aidant à servir des gâteaux...

*

Claudine était en quatrième dans ma classe. C'est la première fille qui m'ait embrassé avec une telle fougue que je n'ai rien compris à ce qui m'arrivait...

C'était lors d'une boum organisée pour son anniversaire. La fête avait lieu dans le garage de ses parents. Son frère jouait de la batterie, un carton à chapeaux en guise de caisse claire, un charleston bricolé avec deux feuilles de fer-blanc qui avaient servi à l'armature de son vieux cartable, des barils de lessive pour les graves – sur lesquels on lisait, imprimés à l'envers, « Skip » et « Ariel » –, des couvercles de casseroles de diverses tailles pour les roulements endiablés. Les seuls éléments « vrais » étaient le tabouret et les banquettes. À regarder, c'était spectaculaire ; à entendre, c'était à peine supportable.

Je patientais sur une chaise, assis dans la pénombre, seul, épaules baissées, les mains à plat sur mon Wrangler double revers. Vivien, notre jeune fille au pair anglaise, avait repassé ce jean tout en me donnant des conseils vestimentaires et en m'encourageant à me montrer offensif. Je ne devais pas laisser mes copains Marc ou Gildas inviter Claudine avant moi. Je devais me débrouiller pour danser avec elle le « tout douce aimant », comme disait Vivien, autrement dit les slows.

Au lieu de quoi, j'attendais qu'il se passe quelque chose dans ce garage. Mes parents me croyaient chez Marc, en train de jouer du pipeau – un de ces flûtiaux en bambou, précieux comme les derniers vestiges d'une enfance. Nous les avions confectionnés nous-mêmes au cours de musique, à l'école du Père Castor. Pour empêcher le mien d'éclater, je l'avais bouturé avec du fil de fer vert, bleu et rouge. Ensuite, il avait fallu le trouer sept fois à l'aide d'un poinçon, millimètre par millimètre, en s'interrompant sans cesse pour vérifier la justesse des notes sous le contrôle du professeur, une demoiselle Dubois. Sept trous de différentes tailles – six en haut et un en bas pour le pouce gauche. Ensuite, il avait fallu créer, à la scie à métaux, un « L » perpendiculaire au niveau du bec, partiellement bouché avec du liège emprunté aux bouteilles des parents. Un soir, enfin, j'étais rentré en criant :

— Mon pipeau est fini... Je joue *ré-ré-ré*!

Mais jouer du pipeau à quatorze ans, un samedi après-midi... Non, je voulais absolument grandir. En finir avec « Luluc ». J'étais Jean-Luc, définitivement. Et si Gérard tentait de me piquer Claudine comme il m'avait piqué Manuella, j'étais prêt à renverser sa mobylette vulgaire ! Après, je le regarderais droit dans les yeux et lui dirais en rigolant :

— Pas fait exprès !

Quant à Marc et Gildas, je les voyais maintenant comme des Playmobil : j'avais envie de leur arracher la tête et de leur mettre des kilts !

La maison de Claudine était un pavillon qui se voulait bourgeois, avec son jardinet fleuri de soucis et de pensées, et les pierres qui rehaussaient sa façade.

Arrivé cinq minutes en avance, je portais une chemisette à carreaux blancs, beiges et orange, boutonnée jusqu'en haut. Mon blouson en velours côtelé, venu d'une fripe, avait dû être beige à son heure de gloire; il était désormais d'un gris incertain, et d'ailleurs trop grand pour moi. Ma carrure en était-elle avantagée, ou avais-je l'air de flotter dans mes fringues? Auquel cas, je pouvais compter sur Marc et Gildas pour faire des commentaires devant les filles. J'entendais déjà leurs sarcasmes:

— Il l'a piqué dans le placard de son père!

Mais voici que les éclairs du stroboscope allument le visage de Claudine. C'est son anniversaire. Elle danse au milieu d'une dizaine de garçons, sur un rythme de hard rock. Personne n'a vraiment de partenaire: tout le monde évolue en petits cercles. Gildas (qui dessine sur commande comme Gotlib ou Hergé) porte un jean blanc et des sabots de la même couleur. Ses longs cheveux roux, coiffés au séchoir, lui tombent sur la nuque comme des baguettes de tambour. Gérard et Manuella s'embrassent lamentablement. Il est venu en RER, car elle lui interdit déjà la mobylette, comme elle lui interdit la cigarette. Et la viande, bien sûr. Marc, le play-boy, rugbyman bien né, porte un jean et une chemise en jean. Son gros ceinturon a quelque chose d'obscène, avec sa plaque rectangulaire en simili-bronze siglée Levi's. Sa tenue sent le neuf à plein nez. Il est clair qu'il s'est fixé pour objectif de concrétiser son désir pour Claudine. A-t-il pour elle un sentiment sincère? Ou n'est-elle qu'une conquête sur son tableau de chasse? Toujours est-il qu'il ne la quitte pas des yeux. Mais elle, c'est moi qu'elle regarde, en se dandinant sous les feux de lumière.

J'attends les slows avec impatience. Quand ils arrivent enfin – «If You Leave Me Now», du groupe Chicago –, Marc s'approche de Claudine. Elle se tourne vers lui. Leurs corps vont se toucher. Puis elle fait subitement un écart et se dirige vers moi, l'œil brûlant. Ses cheveux blond vénitien lui collent au front par endroits. Et elle me fixe des yeux en disant :

— Jean-Luc, je voudrais danser ce slow avec toi.

*

Mon adolescence se déroule porte d'Orléans. Ma mère s'est remariée. Elle ne vit plus avec Jean-Claude, mon père, mais avec Christian, un ancien prêtre qu'elle a connu pendant nos premières vacances aux sports d'hiver.

C'était au Grand-Bornand. Christian présidait la messe de Noël. Du fond de cette église de montagne, dressé sur la pointe des pieds, j'apercevais l'officiant tourné vers l'homme crucifié. Il lui présentait un verre à pied de couleur dorée. L'instant d'après, il donnait à boire à ceux qui venaient à lui. Ces montagnards faisaient preuve d'une extrême délicatesse : ils acceptaient de faire la queue, puis ils se contentaient d'une seule gorgée et ne payaient rien en échange ! Spectacle stupéfiant. À la sortie, ma mère juive m'a fourni les explications nécessaires. Pendant toute la cérémonie, elle avait fixé le prêtre d'un regard ému, l'air de vouloir le dévorer, tout en conservant une certaine réserve. Sur ses lèvres flottait ce sourire que je lui avais déjà vu, un certain jour, dans la salle d'attente du docteur Almodovar. J'ignorais encore, évidemment, que quelque chose était en train de se nouer ; quelque chose qui allait prendre dans ma vie – et surtout dans la leur – une importance considérable.

Six mois plus tard, ma mère et Christian partageaient la même chambre à Montrouge. Très vite, nous nous sommes découverts unis comme une famille. Nous avons quitté le « monde de Jean-Claude » pour entrer dans le « monde de Christian », deux planètes aux antipodes l'une de l'autre. Jean-Claude était urbain, Christian est « nature ». Sa vie rafraîchissante est faite de randonnées, de gîtes ruraux accrochés aux pentes des montagnes et de parties de camping sauvage au bord de lacs lumineux où les enfants poursuivent les salamandres. Quelques mois encore et mes « parents » loueront, boulevard Brune, un appartement de cent mètres carrés dans un immeuble en brique comme on en voit tout le long de la petite ceinture parisienne. Bientôt, nous achèterons à tempérament, dans un Hyper du meuble à Alésia, le salon symbolisant l'acte fondateur de notre nouvelle condition, le moment où Christian deviendra notre figure paternelle.

Au fond, la principale rupture que le divorce de Jean-Claude et Maryse provoque dans ma vie est ce déménagement. J'ai quitté la campagne pour la ville. J'attaque Paris par le sud. Les choses sont en train de prendre un tour sérieux. Ce ne sont plus de petites histoires qui m'attendent, mais la grande histoire de ma vie. Une période heureuse commence.

*

Boulevard Brune, j'occupe une chambre du septième étage à laquelle j'accède par l'escalier de service. Le soir, je me dépêche d'y remonter, après avoir souhaité bonne nuit à mes parents et m'être frotté les yeux en laissant échapper des bâillements dignes de l'Actor's Studio. Mon lit se résume à un matelas deux places posé sur une planche, elle-même posée sur des parpaings, dans un style usine à la mode *Mad Max*. Il me sert aussi de canapé. À quatorze ans, mes parents m'ont installé dans cette chambre qui est depuis mon territoire privé.

Une fois dans ma chambre, je retire mes santiags, modèle mexicain, couleur bleu marine. Mes mexicaines, mes déesses ! Je me les suis payées moi-même, en travaillant un mois d'été dans les sous-sols de l'antenne Assedic d'Issy-les-Moulineaux : je massicotais du carton de classement en écoutant Europe 1 sur un transistor, notamment « La Grimpette » de Jean-Loup Lafont. Puis j'enlève mon haut en pilou et enfile une chemise blanche chiffonnée, assez classe, avec col à bascule, que je laisse parfois déborder du pantalon. Je mets par-dessus un gilet noir – 5 francs aux puces de Vanves –, coiffe ma tignasse avec une brosse à poil de sanglier, puis la décoiffe savamment avec les doigts. À cette époque, mes cheveux me tombent sur les épaules.

Voilà, je suis prêt. Il ne me reste plus qu'à sortir sans faire de bruit et à descendre l'escalier, mes mexicaines à la main. Je passe sous le judas du sixième, frôlant les murs jusqu'au quatrième. Là, je m'autorise à prendre l'ascenseur. Pendant la descente, je remets mes santiags, de vraies bottes de Sept lieues qui me grandissent de six centimètres.

Je sors du 134, boulevard Brune en évitant la lumière des réverbères. Je suis le chemin des ombres. Plus loin, je traverse la porte d'Orléans en diagonale, au milieu des voitures. Je cours, je souris, je n'ai peur de rien.

Sauf des filles. Je les redoute. Alors qu'aucun homme ne me fait peur. Ni aucune dame, devrais-je ajouter. Dame, fille : quelle différence ? Ce n'est pas une question d'âge, mais de tempérament, d'état d'esprit, de vécu – d'amours vraies ou d'amours sans amour. Un sujet qui mérite toute notre attention et toute notre prudence, car bien souvent, les filles se déguisent en dames, et inversement. S'il faut trouver aux filles un point commun, c'est qu'elles ont des tas de secrets – certains nobles, d'autres peu avouables. « Ça se discute » et « Toute une histoire » m'ont permis d'éprouver combien les secrets peuvent être lourds à porter, quelle place ils occupent parfois dans les cœurs, notamment dans le cœur des filles.

Je ralentis le pas en arrivant au « PO », le Paris Orléans, la grande brasserie de la porte d'Orléans, à l'angle de l'avenue du Général-Leclerc, que je dépasse pour m'engouffrer directement au bar-tabac La Favorite, juste à côté. J'y retrouve mes amis : Joël, dit Jojo, Binos et Groquik – les deux gardes du corps de mes errances nocturnes –, sans oublier Le Terrible, Ivan de son prénom, comme on s'en doute. Binos est blond et Groquik est rond. Nous formons le noyau dur d'une bande sévèrement remontée contre les voyous de la porte de Vanves. Souvent, nous partons ensemble en virée au cœur de la capitale. Notre lieu de prédilection est un carrefour que cite Alphonse Boudard dans ses livres : l'angle des rues Saint-Denis et Blondel. Et « rue » s'entend, comme chez Boudard, au sens large du terme, pas seulement comme une indication géographique. C'est là que mes amis se plaisent à rendre des services. Ce ne sont pas des saints, on l'aura compris.

Moi, je suis le plus jeune de la bande ; et si je suis en pleine tempête adolescente, je ne trouve pas le courage de « monter en puissance » à leur façon. Je me séparerai d'eux après mon bac, à l'heure, contre toute attente, de me mettre au travail. Au même moment, toute la bande passera du shit à l'héroïne. Je ne suis pas sûr de vouloir évoquer cet aspect des choses aujourd'hui. Peut-être est-ce de la lâcheté. Quoi qu'il en soit, si ces vieux copains lisent un jour ces pages, qu'ils le sachent : ils ne m'ont laissé que de bons souvenirs, et je les embrasse tous avec affection. Même les pires bêtises deviennent drôles quand on a la chance de s'en sortir – et j'espère que c'est leur cas.

Une bière plus tard, nous entrons au Café des Sports, quarante mètres plus loin sur le boulevard Lefebvre, du côté des Maréchaux. Commencent alors des parties de billard français qui durent jusqu'à 1 heure du matin. Il y a au Café des Sports cinq billards en enfilade. Le plus petit fait 2,40 mètres ; les deux du fond, sur lesquels j'ai l'habitude de jouer, mesurent 2,80 mètres. Je possède une belle queue télescopique à flèches, et mes propres bleus : un cadeau de la bande pour mes dix-sept ans. Les copains ont tenu à me remercier d'avoir transformé ma chambre de bonne en quartier général de notre troupe. Certains, parfois, viennent y passer la nuit, ce que n'apprécie pas du tout Delphine T., ma lumineuse fiancée aux yeux noisette, aux cheveux châtain, au nez jonché de taches de rousseur. Mes amis l'ont baptisée L'Écureuil, ce qui la fait rire. Moi, pas du tout : ils ont arrêté vite fait.

Je me débrouille au billard français. Au sommet de mon art, c'est-à-dire l'année de mes dix-huit ans, je tourne à deux points et demi de moyenne. Je sais m'y prendre pour avoir l'air de gagner de justesse, de sorte que mes adversaires hésitent rarement à prendre leur revanche, convaincus que seule la chance leur a manqué.

C'est grâce au billard que je gagne mon argent de poche pendant trois ans. Mais je connais autre chose pour arrondir mes fins de mois. Les adultes avec qui je joue sont des ouvriers du bâtiment, des cols blancs du quartier qui entrent en fourrant leur cravate dans la poche de leur pardessus, des mécanos du garage Citroën de l'avenue du Général-Leclerc, des fonctionnaires de police et même de jeunes professeurs dont certains enseignent dans mon propre lycée, le lycée François-Villon. Tous viennent au Café des Sports s'offrir un scotch ou une vodka que le patron, M. Crépin-Leblond, leur facture au prix fort. À leur deuxième verre, je leur propose de se renflouer discrètement, et à moitié prix, en goûtant à ma provision personnelle, des flacons qui dorment bien sagement dans l'étui de ma queue de billard.

Le soir venu, mes amis et moi nous déplaçons en file indienne, au cas où les voyous de la porte de Vanves auraient décidé de nous chercher des noises jusque sur notre territoire. Je marche toujours en deuxième position derrière Groquik. Je sais me défendre, mais la bande entend me protéger, que je le veuille ou non. En effet, je suis le seul à aller au lycée ; or François-Villon se trouve précisément à la porte de Vanves. Mais j'ai là-bas d'autres amis pour me protéger, des « autonomes » qui souvent manifestent en criant :

— Oui, Baader était un camarade !

*

Mes amis voient en Maryse la mère parfaite. Ma marâtre admirée les accueille à bras ouverts. Elle les fait venir dans son salon, tandis que je trépigne à l'entrée et leur signifie mon impatience en frappant le plancher du talon de mes santiags. Eux sont fascinés par l'intérêt sincère qu'elle leur porte. Je me rappelle encore la façon qu'elle avait de les réconforter quand ils avaient des ennuis.

Ce fut le cas de Jojo. Sa mère était gardienne d'immeuble. Il avait l'habitude de se terrer dans une minuscule chambre de bonne, rue Raymond-Losserand. Il s'était aménagé là un univers bien à lui, dans lequel il pouvait se couper du monde : murs noirs, explosion de stroboscopes au rythme des basses, jaillissements de spots fuchsia, menthe et citron, sono en octophonie dont il avait augmenté la gradation en ajoutant un niveau 11 ! Il recherchait un son spécial, bien à lui, qu'il appelait la « vitesse du bruit dans ma tête ». Il écoutait ainsi Genesis, Fleetwood Mac, *Frampton Comes Alive* et le groupe Yes ; s'il avait pu, il se serait lové dans son ampli, un Marshall pareil à ceux que l'on dresse sur les scènes de concert, face au public.

Un jour, il m'offre le premier album solo du guitariste de Yes. Plus tard, il me demande ce que j'en ai pensé. Ma réponse : « Génial ! » Quelques jours après, explorant mes disques dans ma chambre de neuf mètres carrés, il tombe sur l'album en question, non déballé, encore sous sa protection en cellophane. Je suis mortifié, accablé de honte. Lui est au désespoir. Je le revois assis par terre, en tailleur, dans sa veste kaki. Sa frange trop longue lui retombe sur les yeux. Il l'écarte comme on ouvre un rideau de théâtre, en relevant la tête pour scruter mon regard. Une grosse larme coule sur sa joue.

C'est ma mère qui le réconforte dans le salon familial, à l'étage inférieur. Ils échangent sur le thème de la langue anglaise. Elle lui propose de l'aider à organiser un séjour en Grande-Bretagne pendant l'été. Elle pourra facilement lui trouver une famille d'accueil. Et Jojo, qui d'habitude a des airs de marshmallow assoupi, répond à toutes ses questions d'un « *yes* » chargé de confiance et d'espoir.

*

Non loin de La Favorite, il y a l'affreuse agence du Crédit Lyonnais où, un jour, la personne qui gère mon compte me demandera poliment de lui remettre ma carte bancaire. Elle s'appelle Mlle Simon et m'a convoqué pour entretien.

— Je dois effectuer un contrôle de sécurité informatique, jeune homme.

Et d'ajouter :

— Il y a tellement de voleurs.

Je lui tends ma carte. Elle la prend et me regarde droit dans les yeux en disant :

— Je la garde.

Ma carte bancaire s'est rapprochée de son buste maigre. Elle descend le long de son corps.

— Je vous la rendrai. Dans un an, peut-être. De toute façon, elle ne fonctionne plus. Je l'ai désactivée. Voilà plus de quatre semaines que vous êtes à découvert. Aujourd'hui, lundi, vous êtes à moins 159 francs. Ce n'est pas grand-chose, d'accord, mais le Crédit Lyonnais estime avoir un devoir, une mission même auprès des jeunes. Nous voulons leur apprendre à bien gérer leur argent. C'est important. Vous verrez quand vous serez grand.

Elle conclut :

— Vous êtes interdit bancaire, mon petit. Pendant un an et un jour.

Je n'étais pas petit. À dix-huit ans et trois mois, chaussé de santiags, je faisais 1,84 mètre ! J'étais bachelier. J'avais intégré l'IUT de l'avenue de Versailles. Voilà que j'étais tombé sur une pimbêche de vingt-trois ans qui me donnait des leçons du haut de son mètre cinquante-neuf ! Tout ça parce que personne n'avait voulu l'embrasser dans les boums. Ou parce qu'on lui avait piqué son vélo quand elle était petite. Mais petite, elle l'était toujours !

L'espace d'un éclair, je me suis vu faire un de ces scandales dont mon père avait le secret. Mais Mlle Simon connaissait son pouvoir et savait en abuser. Elle m'a fait ses méchants petits yeux bancaires. J'ai souri béatement.

— Merci, mademoiselle.

En sortant de l'agence, j'étais honteux comme un renard attrapé par une poule. Un an plus tard, recouvrant mes droits bancaires, ma première décision a été de changer de crémerie. L'humiliation infligée par Mlle Simon, ne lui en déplaise, m'avait peut-être aidé à grandir. En tout cas, quelque chose poussait en moi : je devais être en train de devenir moi-même. J'avais dix-neuf ans et demi, je gagnais en confiance. La chose s'était produite brusquement, mais je crois que nous poussons par paliers. Jusque-là, je m'étais laissé impressionner par les filles – qui m'impressionnent toujours, mais c'est une autre histoire ! J'avais vécu sans permis, sans scooter, sans carte bancaire et même sans carte de famille nombreuse, perdue avec ma majorité.

Car j'étais l'aîné d'une famille nombreuse, depuis que ma nouvelle paire de parents, composée de ma mère et de Christian, avait mis au monde deux petits rosbifs, David et Thomas. Je les aimais beaucoup et je les aime toujours. Mais il est vrai que, depuis de longues années, je laisse entre les miens et moi une distance de sécurité. La communication n'est pas facile, et cette difficulté n'est pas sans conséquences sur mes relations avec le reste de la famille, qui en prend volontiers ombrage.

À la fin de ce livre, j'aurai peut-être franchi un nouveau palier. Ce n'est pas sûr ; ce n'est pas gagné.

Vie publique, vie privée

J'ai découvert la télé assez tard, boulevard Brune, après le divorce de mes parents. Le téléspectateur que j'étais enfant ne connaissait rien aux programmes que chérissaient mes camarades. Et pour cause : à Verrières-le-Buisson, la télévision était éteinte.

Dans mon souvenir, le téléviseur se situait à gauche en entrant dans le salon, au coin d'un mur qui conduisait au petit bureau-bibliothèque. Posé sur une table roulante en métal, il avait l'air de manquer de compagnie. Je lui trouvais un regard de cyclope, couleur marécage. On était encore loin des écrans plasma ! La vitre convexe sortait du cadre, protubérante, tel un phare de voiture.

Cette télé était un élément de mobilier auquel je ne prêtais aucune attention. C'était vide, c'était moche, c'était sans intérêt. Elle n'avait qu'un avantage, celui de nous faire rire, Marie-Hélène et moi, quand nous nous amusions à y voir notre reflet déformé. Mon père la regardait un peu : surtout le journal de Roger Gicquel. Le reste du temps, elle demeurait éteinte. Il la pointait de l'index en s'exclamant :

— *Big Brother !*

J'étais trop jeune pour saisir l'allusion à *1984*, le roman d'anticipation de George Orwell. C'est dire à quel point nous étions éloignés, en ces années-là, du «Loft» de M6! L'émission n'avait pas encore germé dans le cerveau de John de Mol, le créateur néerlandais de la société de production multinationale Endemol.

À Verrières-le-Buisson, mes parents se servaient donc de la télé comme d'un meuble. Son cadre en bakélite brun foncé supportait la platine dont il fallait tirer le bras en arrière pour lancer quelquefois un disque en vinyle. Ces deux objets superposés feraient aujourd'hui le bonheur des chineurs et des amateurs de vide-greniers ; peut-être même auraient-ils leur place dans une galerie d'art contemporain, au titre de sculpture. Le salon où ils se trouvaient faisait office de sas entre l'entrée de l'appartement et le petit bureau où j'apprenais l'orthographe sur mon panneau magnétique.

La vie sociale de la famille se jouait dans la cuisine. Quant au siège de sa vie culturelle, il était situé dans le bureau-bibliothèque ou dans la chambre des enfants. Seul objet multimédia en ma possession, un mange-disque Telefunken sur lequel j'écoutais *Pierre et le Loup* de Prokofiev, dit par Gérard Philipe, et *Le Petit Chaperon rouge.* Cette histoire me faisait drôlement peur, surtout quand la fausse mère-grand attendait dans le lit l'arrivée de l'innocente fillette – laquelle, soit dit en passant, avait déclenché le premier émoi sensuel de mon existence, ce qui explique peut-être l'attrait que m'inspirent les femmes qui savent porter le rouge, en robe ou en col roulé.

Aucune émotion télévisuelle n'a donc marqué ma vie à Verrières-le-Buisson. Ce genre de frisson, nous le cherchions à l'époque sur grand écran. J'adorais *Le train sifflera trois fois.* Ma mère, du reste, m'a emmené le voir… trois fois. Après quoi, elle m'a dit :

— Maintenant, Luco, ça suffit. J'en ai marre d'entendre siffler les trains et les balles de pistolet !

Je n'ai commencé à regarder la télé qu'après notre déménagement porte d'Orléans. Nous suivions « Des chiffres et des lettres » du coin de l'œil, en jouant au rami. D'autres soirs, c'était « Le Grand Échiquier » de Jacques Chancel – mais alors, nous étions bien installés sur le canapé bordeaux aux accoudoirs noirs. Cette émission me bluffait. Chancel était vif, il connaissait la vie de ses invités et semblait réellement heureux d'accueillir sur son plateau un homme du calibre de Mstislav Rostropovitch. Et quand il présentait Michel Berger, c'était sans condescendance aucune.

Chose surprenante, c'est le titre de cette émission qui m'a donné envie d'apprendre à jouer aux échecs. Ma mère m'a aussitôt offert un échiquier pliant de bonne taille, à l'intérieur duquel on rangeait les pièces en bois. Mais c'est grand-père qui m'a initié à cet art. Avec le calme et la patience nécessaires, il m'a expliqué le déplacement des pièces. Les ouvertures, je les ai apprises dans un livre au format de poche que je noircissais de notes – et que je possède toujours. Au début, grand-père me battait et ne m'en donnait aucune explication : il attendait que je tire moi-même la leçon de mes erreurs. La méthode ne devait pas être mauvaise car, un soir, l'année de mes neuf ans, j'ai réussi à le surprendre avec une succession d'échecs à la découverte. Depuis, il a toujours refusé de jouer contre moi ! L'année suivante, je me suis inscrit au club d'échecs du collège, grâce auquel j'ai acquis le statut de jeune maître.

Mais revenons à la télé de mon enfance... Dans notre appartement parisien, nous parlions encore de

« poste », lequel était enfermé à clé dans un placard sur la porte duquel ma mère avait scotché un papier de *Télérama* intitulé : « Éteins la télé, j'écoute les mômes ! » Ce placard cache-télé en noyer anglais s'harmonisait avec notre intérieur et la moquette vert tendre fleurie d'anémones et de pensées. En cachant le poste, mes parents voulaient sans doute nous empêcher de céder à la tentation de l'allumer en toutes circonstances, comme tout le monde fait aujourd'hui. Mais je me rappelle combien était étrange ce meuble à double porte en face du canapé ; curieux aussi, le regard surpris des visiteurs qui, cherchant des yeux la télévision, ne la trouvaient pas.

Pour avoir le droit de regarder quelque chose, encore fallait-il avoir choisi préalablement son programme et discerné les arguments éducatifs et culturels qui permettraient d'emporter la décision parentale. Généralement, la plaidoirie se déclamait au dîner. Puis la question était mise en délibéré jusqu'au lendemain. La plupart du temps, la réponse était non. Devant les lenteurs de la procédure, mon frère et moi jugions inutile de dépenser notre énergie et notre salive en faveur d'un film qui ne passerait qu'une fois ; mieux valait aiguiser nos arguments pour les émissions régulières, quotidiennes ou hebdomadaires.

*

Quant à mes rapports d'adulte avec la télé, voilà bien longtemps qu'on me demande de les raconter – depuis que je demande aux autres de me raconter les leurs. C'est-à-dire depuis l'époque où je présentais les infos sur Europe 1 – de 7 à 9 heures – tout en animant à 12 h 30 « La Grande Famille » sur Canal Plus. Trois heures de direct par jour ! J'ai arrêté pour créer Réservoir Prod, ma propre société de production.

Pourquoi vouloir créer une entreprise quand on est journaliste et animateur ? Quand de surcroît on est heureux ? D'abord et avant tout, me semble-t-il, pour des raisons de maîtrise du travail. Car la maîtrise est indispensable. Le métier d'animateur est une activité à haut risque, qui rend la vie difficilement supportable. Du fait de la célébrité, bien sûr. N'oublions pas ce que disait Coluche : « La célébrité, au début, c'est un parfum, après c'est une odeur. » En définitive, les spectateurs ont tendance à identifier l'animateur à ce qu'il fait ; aussi a-t-il tout intérêt à choisir un domaine où il se sente en harmonie avec ce qu'il est profondément.

Si Christophe Dechavanne est mon animateur préféré, c'est parce qu'il est le meilleur de nous tous. Et parce qu'il a une belle personnalité. L'homme a pris des coups, ce qui ne l'a pas empêché de rester lui-même. Il présente aujourd'hui des jeux et des divertissements sur la plus puissante des chaînes françaises. On le voit aux horaires de plus grande écoute – 19 heures pour les jeux, *prime time* pour les divertissements qu'il mène le plus souvent avec Sandrine Quétier, un ange dans cette profession. Ces deux-là étaient faits pour se rencontrer.

Un soir que je dînais en tête à tête avec Christophe, chez lui, il m'a dit qu'il souffrait de ne plus pouvoir intervenir dans les débats de société, comme il l'avait fait pendant des années avec des émissions telles que « Ciel, mon mardi ! », « Comme un lundi » et « Du fer dans les épinards ». Mais, paradoxalement, il était heureux de revenir au premier plan après trois années sans télé. L'humiliation subie au moment de sa disgrâce était une épreuve qui l'avait profondément déstabilisé.

— Tu n'as pas compris? Le public ne veut plus voir ta tête!

Cette phrase lui avait été jetée à la figure, trois ans plus tôt, lors d'une réunion plénière, par un ancien dirigeant de TF1. Phrase brutale, grossière, dont je connais l'auteur – un personnage fin, complexe – et dont je pense qu'elle ne fut pas prononcée dans le but de renvoyer à une nouvelle psychanalyse un professionnel du calibre de M. Dechavanne. Phrase sortie toute seule, sans doute et sans intention – la consanguinité, parfois, rend nerveux. Phrase qui peut avoir échappé à son auteur dans un petit métier où nous nous connaissons tous, où les nouveaux talents mettent des années à se tailler une place.

Dans les chaînes, comme chez les producteurs, ces professions exigent des connaissances techniques qui ne peuvent s'acquérir qu'avec le temps. Raison pour laquelle on y travaille avec les mêmes personnes sur toute la durée d'une carrière. Seuls résistent à la pression quotidienne ceux qu'anime une passion profonde. Les autres, ceux qui sont parachutés – à l'antenne ou hors antenne – au gré des nominations politiques, sont seulement de passage.

Nous ne faisons pas un métier de dilettantes. Au contraire, c'est une activité multiple qui ne repose sur aucun automatisme. Chaque nouvelle journée redistribue les cartes, comme s'il fallait toujours tout recommencer, jusqu'à la fin de la vie. Il faut aussi maîtriser les évolutions techniques, intégrer les compétences de chaque technicien, gérer l'orchestre des intervenants, du journaliste stagiaire au réalisateur et au producteur. Maîtriser la différence – qui ne cesse d'évoluer – entre HD et Full HD. Comprendre qu'un beau décor domestique ne fera pas forcément un bon décor de télé.

Nous travaillons avec des menuisiers, des peintres, des décorateurs, des musiciens, des vidéastes. Il faut savoir entendre le problème rencontré par une prompteuse ou par un opérateur de Louma, quand le bras de sa caméra ne rentre pas parfaitement dans le champ ; comprendre la fatigue d'un cadreur qui porte pendant des heures sa Béta sur l'épaule, les difficultés de la prise de son, les ondes et les interférences qui peuvent tout gâcher si les opérateurs ne sont pas profondément impliqués. On sous-estime souvent le son, et c'est un tort : l'audiovisuel, c'est 50 % d'audio et 50 % de visuel.

Sans parler de la lumière, ce poste colossal. Une lumière verticale peut vous transformer une Diane Kruger en Nosferatu ! On doit savoir éclairer tout le plateau quand l'animateur est mobile et souhaite travailler debout, parce que cela sert le concept de l'émission. Mais éclairer tout le plateau doit se faire sans aveugler les protagonistes – le public et les invités. Il faut connaître les couleurs que la caméra ne comprend pas et qui floutent, comme le rose ou le fuchsia ; savoir éviter la chemise mauve ou pastel qui donnera au teint des reflets verdâtres ; résister à la pression de ces amours de maquilleuses qui, pour vous donner bonne mine, vous fabriquent un épiderme à la Casimir ; bannir les cheveux plaqués ou laqués qui font joli sur la photo, mais qui vous transforment en mannequin de cire du musée Grévin.

Savoir écouter les autres : qualité majeure du métier. Et ne pas s'écouter parler quand on est à l'antenne. Hors antenne, c'est le contraire : rester fidèle à ses intuitions et appliquer l'adage de Mme de Sévigné : « Quand je n'écoute que moi, je fais des merveilles. »

Il faut avoir aussi la force de rester dans l'énergie, de ne pas se désunir, de ne pas réclamer de pause – et de ne pas prendre la pose car, à la télé, toute posture devient imposture. L'animateur porte des vêtements amples et souples, de façon à pouvoir bouger sans gêne, mais sans se sentir déguisé. Il veille à ne pas chercher à donner une image de lui car on ne verrait rien, de l'autre côté de l'écran, que ce défaut. D'une façon générale, les imperfections de la vie sautent aux yeux du spectateur. C'est pourquoi il ne sert à rien de faire trop grand cas de sa propre image : la caméra voit tout, elle est sans pitié avec les imposteurs et ne supporte que le naturel.

Chaque molécule du métier participe du succès de l'émission. Si le public doit être bien accueilli, ce n'est pas seulement pour des raisons de courtoisie, c'est aussi parce que les personnes présentes sur le plateau doivent se sentir à leur aise ; si elles ne sont pas heureuses d'être là, le spectateur le sentira. Pour ma part, je suis une éponge : mes antennes constamment en éveil, je perçois la moindre contrariété. J'écoute le public, je mesure la qualité du silence. Les applaudissements spontanés partent comme des coups de tonnerre. Le rire naturel est un rire bref, éclatant. Et les gens qui toussent ! Personne ne tousse quand le spectacle est captivant ; c'est pourquoi, dès que j'entends quelqu'un se racler la gorge, je donne un coup d'accélérateur.

Le rythme est un élément capital dans une émission. Pendant un monologue d'ouverture, un bon mot toutes les cinq secondes, c'est un gag; toutes les dix secondes, c'est un effet; toutes les quinze secondes, c'est un bide.

De même, le langage non verbal. À la télévision, il est aussi important que les mots. L'animateur, par conséquent, se doit d'être sans cesse attentif à sa petite musique intérieure, de vivre à fond l'instant présent, uniquement sensible au mot juste, au geste juste, lesquels doivent venir spontanément. Dès que s'allume le voyant rouge, mes soucis personnels sont mis entre parenthèses. Plus question de migraine ou de mal au dos. En revanche, sitôt rendue l'antenne, c'est toute la gamme des sensations et des sentiments qui ressurgit, avec cette exagération si caractéristique des métiers du spectacle. Ce n'était pas bien, c'était génial; ce n'était pas moyen, c'était nul; ce n'était pas médiocre, c'était insupportable.

Derrière l'animateur que je suis se cache un producteur doté de quinze années d'expérience. Discrètement, il me parle à l'oreille. Quand on me dit que « c'était bien », je sais que ce n'était pas si bien que ça; ni tellement désastreux quand j'entends que c'était « mauvais ». La vérité est que chacun a son opinion sur l'émission de la veille. Et c'est aussi mon cas, en tant que téléspectateur. La télé n'est-elle pas l'occupation la plus partagée des citoyens de ce pays? Bien sûr, la critique est parfois difficile à entendre, surtout les jours où l'on n'a pas trop le moral, mais j'ai l'estomac en titane et j'essaie de le garder.

Heureusement, il y a les femmes. Leur sourire dans la rue, leur passion pour l'humain, leur indulgence pour nos faiblesses. Les hommes, inversement, ne se font pas de cadeaux. En général, ils frappent dans le dos, au moyen d'une lettre anonyme, d'un commentaire radiophonique ou du courrier des lecteurs.

Oui, un estomac en titane… et des nerfs bien capitonnés ! Qualités indispensables pour endurer la pression quotidienne de l'audimat. Les résultats arrivent tous les matins sur les ordinateurs, entre 9 heures et 9 h 05. Sur quoi les commentateurs s'en donnent à cœur joie, capables de monter en épingle le plus minuscule épiphénomène, pour continuer à tenir l'antenne. À les en croire, « un animateur ne vaut rien de plus que son score de la veille ». Voilà pour notre fardeau quotidien. Mais il y a aussi l'épreuve hebdomadaire, lorsqu'on nous demande de participer à ces émissions dites de « décryptage des médias », si nombreuses qu'il faudra bientôt en créer de nouvelles pour pouvoir les décrypter à leur tour…

Le choc le plus rude, cependant, reste celui de l'image. Vous sortez de chez vous et vous tombez sur le kiosque à journaux où s'étalent les hebdos télé, avec leurs couvertures toujours plus provocantes. Une question de survie, il est vrai. La presse payante a de plus en plus de mal à résister à la concurrence des gratuits et d'Internet. Sans parler de la presse people, qui fait ses choux gras des stars de la télé en prétendant les montrer « comme on ne les a jamais vues » – ou comme personne, sans doute, n'aimerait les voir. C'est pourquoi, en général, je sors sans mes lunettes. Je préfère me balader dans un agréable flou visuel. On a beau avoir derrière soi des années d'expérience, le fait de se découvrir subitement à la une d'un magazine est une expérience violente. C'est un coup de plus à encaisser. Et les coups, eût dit le chevalier de La Palice, ça fait mal…

*

La télévision brasse beaucoup d'argent. En coulisse, les négociations ne sont pas de tout repos. Les émissions coûtent très cher à fabriquer. Elles exigent d'importants moyens techniques et humains – préparation, préproduction, production, tournage et postproduction ; montage, habillage, mixage. Si tout cela est invisible à l'antenne, c'est que nous ressemblons à des chefs : notre travail ne consiste pas à faire visiter nos cuisines peuplées de gâte-sauces affairés, mais à servir en salle des plats comestibles, voire succulents.

Ainsi, pour n'évoquer que ce que je connais bien, l'émission « Toute une histoire », dont deux cents numéros sont diffusés chaque saison. Elle nécessite quarante et un journalistes à plein-temps, engagés et salariés par Réservoir Prod, plus les équipes de reportage. S'y ajoutent les équipes techniques pour la partie centrale du programme : les débats en plateau avec des invités, dont nous avons organisé la venue dans les moindres détails – leur recrutement par un système d'enquêtes, le voyage à Paris, le transport et l'hébergement, puisqu'il s'agit très souvent de personnes venues des régions, de Suisse ou de Belgique. Trouver des invités n'est pas une mince affaire, d'autant qu'ils ne sont pas payés dans les émissions que je présente. Cela risquerait de donner à leurs récits un relief malsain et de susciter exagérations et propos faussés. L'expérience s'apparenterait à un travail, alors qu'elle doit rester un don – un don de soi, puisqu'il s'agit de se libérer d'un poids.

Il existe évidemment d'autres cas, telles ces personnes qui souhaitent informer leurs proches, une fois pour toutes, d'un aspect méconnu de leur vie. Mais le plus souvent, les gens qui viennent s'exprimer le font pour partager leur histoire. L'échange permet de confronter différents points de vue sur une expérience comparable. Il profite à des téléspectateurs auxquels l'émission peut fournir un éclairage utile pour leur propre destin.

On me demande souvent comment nous recrutons nos invités. Dès lors que nous ne souhaitons pas entendre la parole officielle, trop souvent artificiellement formatée et déjà diffusée en boucle dans d'autres magazines ou journaux écrits, radiophoniques et télévisés, nous ne retenons pas – sauf exception – les présidents d'associations ni les représentants politiques, qu'ils aient des responsabilités locales ou nationales. Notre ennemi, c'est la langue de bois.

Vient ensuite une tâche subtile et complexe. En effet, il n'existe pas de groupes fédérant les filles qui ont des problèmes de rivalité avec leur mère, les femmes qui vivent sous l'influence d'un pervers narcissique, les individus en situation précaire, ou encore les enfants cancéreux mais combatifs – et je pourrais allonger la liste à l'infini. Le boulot de nos journalistes consiste donc à aller chercher ces personnes où elles se trouvent. L'entreprise peut paraître abstraite et aléatoire, mais une rencontre, un échange téléphonique amènent bien souvent un témoignage qui lui-même conduit à un autre, et ainsi de suite.

Il nous arrive de rencontrer un témoin dont l'histoire nous paraît éloquente, voire passionnante, mais qui ne correspond pas aux émissions que nous avons en chantier ; dans ce cas, nous conservons précieusement ses coordonnées, afin de le recontacter le moment venu. D'autres fois, plus rarement, c'est une histoire individuelle qui déclenche en nous l'envie d'élaborer un sujet qui lui corresponde. Cependant, dans 90 % des cas, les émissions sont conçues autour d'un thème préalablement choisi, proposé par un journaliste de la rédaction. L'idée peut aussi bien être impulsée par une stagiaire que mise au point par un journaliste junior ou senior, par une rédactrice en chef ou par moi-même. Comme je ne souhaite pas animer d'émissions sur des sujets que je ne sens pas, je valide toujours un thème et l'angle d'attaque avant que l'enquête soit lancée.

Dans un second temps, l'équipe définit virtuellement une quinzaine de profils. L'investigation proprement dite peut alors commencer : nous recherchons nos témoins. Certains seront abandonnés en cours de route, d'autres apparaîtront, qui n'étaient pas prévus. Nous ne démarrons pas à l'aveuglette, mais la méthode laisse place à l'improvisation, à la bonne surprise que nous n'avions pas imaginée. Nous travaillons sur une matière vivante où le hasard, et parfois le heureux hasard, joue son rôle.

Une aide efficace nous est fournie par les appels à témoins lancés à l'antenne, méthode que nous avons été les premiers à développer dès 1992, à l'époque de « La Grande Famille ». Nous publions aussi des annonces dans les journaux. Nous placardons des affichettes chez les commerçants. Nous allons fureter sur les forums des communautés Internet, construits sur le modèle de nos émissions. C'est ce qu'on appelle le web 2.0. Si le web 1.0 vous offre l'accès à des informations, le web 2.0 vous permet de contribuer à produire l'information en délivrant par écrit votre propre expérience sur les blogs et dans les forums. Grâce à ce média, chacun a la possibilité d'éclairer les autres sur les blocages ou les conflits qu'il a rencontrés, et sur les leçons qu'il en a tirées. En somme, l'expérience individuelle fait de chacun un expert.

Qu'ils aient été anticipés ou qu'ils soient arrivés au fil de l'enquête, tous ceux qui participent à nos émissions sont exemplaires, au sens de purs et authentiques. Nous évitons tous ceux qui se proclament dépositaires de la « bonne parole », du discours officiel, politiquement correct, sans surprise ni saveur. Ce discours-là est trop éloigné de la vérité. La vie est toujours à cent lieues des propos manichéens. D'un autre côté, il faut reconnaître que ces porte-parole professionnels, s'ils tiennent des propos par trop prévisibles, sont souvent des gens passionnés, formidables, prêts à activer leurs réseaux pour nous trouver d'excellentes histoires inédites.

— Attendez, nous disent-ils, j'ai entendu parler de…

Suivra bientôt le témoignage qui vous réconcilie avec la vie.

*

Produire est une activité exaltante. On peut produire des films, des fraises, des métaux, des émissions, l'important est de rendre les choses possibles, d'aller au bout d'une idée, de faire en sorte qu'elle existe de façon concrète et aussi aboutie que possible.

Comme d'usage dans ce métier, ce sont des émissions clé en main que les diffuseurs commandent aux producteurs, qu'il s'agisse de Coyote Productions, de DMD ou de Réservoir Prod. Lesquels producteurs – Christophe, Nagui, Michel Drucker ou moi – fournissent à leurs clients des bandes dites PAD : prêtes à diffuser. Cela ne signifie pas que les clients nous font une confiance aveugle ; en revanche, les producteurs ont une responsabilité totale sur le produit fini. C'est la « garantie de bonne fin », comme on dit dans les affaires.

Voilà pourquoi les discussions sur les contrats sont rudes. C'est ce qui explique que des phrases assassines puissent jaillir, comme celle que Christophe Dechavanne a reçue en pleine figure. Les mots peuvent se révéler aussi pernicieux que les gestes violents, ils peuvent faire aussi mal que des coups. Chez un homme aussi sensible que Christophe, qui n'a pas eu une enfance facile, ils peuvent ruiner des décennies de construction d'une estime de soi.

Après cet incident, Christophe est retourné à la radio, où il a recommencé à faire des merveilles. Il est venu un soir chez moi, à l'occasion d'une fête. Je tenais à ce qu'il soit des nôtres car il me manquait. Il m'a tellement aidé au moment de la création de Réservoir ! Il était allé jusqu'à ouvrir pour nous, comme il disait, « tous les livres de Coyote », sa propre société de production, me permettant de saisir les fondamentaux d'un métier qu'il m'a fallu ensuite apprendre jour après jour.

Cette soirée mêlait des mondes très différents. Je l'avais préparée dans les affres de l'angoisse : je redoutais tantôt que personne ne vienne, tantôt que mes amis ne s'ennuient et ne se tirent dès 22 heures. Finalement, elle fut très réussie. Mes invités sortaient de leur chapelle et de leur cercle de connaissances pour se parler, échanger, se rencontrer. Il faut dire que j'avais tout fait pour que l'atmosphère soit détendue, pour que les gens se décoincent. Au lieu du buffet formel avec pruneaux emmaillotés dans du jambon de Bayonne et buissons de carotte et de céleri, nous avions commandé à Axel – le jeune chef de l'Atelier Robuchon – quelque chose de roboratif et de gourmand. J'en avais assez des dentelles délicates et des régimes sans cholestérol. Du coup, Axel avait préparé cent quatre-vingts hamburgers, des frites, sans oublier sa purée mi-beurre mi-ratte. Son agneau confit, qui avait mijoté vingt-sept heures, se dégustait à la petite cuillère. Il y avait aussi des mini-pizzas et de la purée d'aubergine. Le plateau de fromage faisait le diamètre d'une table ronde de bistrot. Champagne à volonté, rouge du Languedoc – 14 degrés sur l'étiquette, soit 15 degrés en réalité –, une excellente vodka, un bon single malt, du rhum dominicain trafiqué.

Ce qui était surtout mis à l'honneur dans cette réception, c'était la vie littéraire. Car il ne s'agissait pas que de s'amuser, même si c'était là, en soi, une raison suffisante. Je souhaitais surtout fêter l'élection de mon ami François Weyergans à l'Académie française.

Valery Giscard d'Estaing, qui venait de recevoir mon carton d'invitation, m'avait fait appeler de son bureau. J'ai eu d'abord la voix d'Agnès, sa délicieuse assistante :

— Monsieur Delarue ? Je vous passe le président, qui souhaite vous parler.

Musique solennelle, *Marseillaise* emphatique au rythme accéléré, puis cette voix reconnaissable entre toutes :

— Monsieur Delarue, je suis au regret de vous dire que je ne pourrai être des vôtres demain soir. J'ai un dîner prévu de longue date. Des amis de la France. Vous savez que j'ai été plus ou moins président de la République, n'est-ce pas? Il reste des obligations auxquelles je ne puis me soustraire. C'est ainsi. Vous m'en voyez désolé.

Puis il en est venu au véritable sujet de la soirée : le nouvel académicien.

— Une élection à la Bonaparte ! Ses lettres ont fait un plaisir infini aux membres de l'Académie. Je l'ai moi-même reçu, du reste. Nous avons parlé de la place de la femme dans le roman. Il est brillant. Seulement, on a un peu de mal à distinguer chez lui la part de sincérité et la part d'habileté…

Percevant qu'il s'agissait moins d'une affirmation que d'une question, je me suis permis d'interrompre VGE :

— Monsieur le président, je suis l'ami de François. Et je peux vous affirmer une chose : François, c'est oui ou c'est non, c'est chaud ou c'est froid. Et, vis-à-vis de vous, c'est chaud.

Sur quoi il m'a repassé son assistante. Agnès m'a expliqué qu'il y avait une chance sur mille que le président vienne malgré tout faire un saut après son dîner. J'ai répondu qu'une chance sur mille, c'était déjà beaucoup. Et je lui ai donné mon adresse. Je l'ai rappelée le surlendemain : Valery Giscard d'Estaing était venu faire un saut après son dîner ; nous l'avions vu apparaître à minuit moins cinq.

— Merci, Agnès !

Elle m'a remercié de la remercier. Les marques de courtoisie sincères et réciproques n'en finissaient plus. Elle a fini par ajouter :

— Le président m'a dit : « Ce Delarue est un charmant petit jeune homme. Il a dans son entrée de jolies tomettes XVIe siècle. Et il est fort bien élevé. Faites-moi une revue de presse et une petite fiche à son sujet. »

Merci, président !

Trois cent cinquante personnes avaient répondu présent à notre invitation ce soir-là – pas toutes en même temps, heureusement. Au milieu du salon trônait un géant, une légende, Jean-Claude Fasquelle, patron historique des éditions Grasset, l'homme à qui l'on doit, entre autres, cette phrase mémorable : « Il y a deux sujets sur lesquels les hommes mentent systématiquement : le nombre de femmes avec qui ils couchent et le nombre de livres qu'ils lisent dans l'année. » Était aussi présent son successeur, Olivier Nora, à qui François a servi un verre d'eau avec deux Doliprane : Nora venait de reprendre, en plus de Grasset, la direction des éditions Fayard. Grand, élégant, brillant homme de lettres, ce normalien semblait avoir un fardeau sur les épaules et l'air de commencer à comprendre ce qui l'attendait en termes de chiffres.

Nous avions pu compter parmi nos convives le génial et charmant – bien que silencieux et probablement timide – Antoine Gallimard. Quant au *signor* Brandolini, de chez Robert Laffont, il confirmait, comme à chacune de nos rencontres, l'appréciation de Jean Cocteau selon laquelle « les Italiens sont des Français de bonne humeur ».

Je vivais une émotion intense. Outre ces éditeurs que j'admire tant, plusieurs écrivains avaient accepté de quitter leur table de travail pour être de la fête. Je pense à Patrick Rambaud, que j'avais reçu deux fois à «Ça se discute», et qui se déplace toujours accompagné de son humour et de sa femme. Je pense au délicat, à l'étincelant Jean Echenoz, au charismatique Jean-Jacques Schuhl. Bref, nous avions parmi nous un quatuor de prix Goncourt particulièrement talentueux et sympathiques – puisque François, en 2005, avait battu Michel Houellebecq contre tous pronostics. De la même façon qu'il venait d'enlever le trente-deuxième fauteuil de l'Académie française, jadis occupé par Alfred de Vigny. Il avait mené cette bataille en vingt-deux jours, face à huit candidats célèbres dont certains étaient en lice depuis plus de dix-huit mois.

En fait, François avait refusé de livrer bataille, préférant «laisser la campagne à la campagne», pour reprendre son mot d'esprit. Resté dans sa maison du nord de la France, il avait pris la plume pour écrire à chacun des académiciens une lettre personnelle, inspirée de leurs œuvres respectives. Il l'avait fait avec un profond respect, sans déférence aucune, en tâchant de motiver sa candidature, à l'instar de tous ceux qui briguent un honneur ou une responsabilité. À ceci près que François s'adressait simplement à ceux dont la charge consiste à rédiger le dictionnaire de la langue française ! Autant envoyer une carte marine à Neptune, un billet d'amour à Vénus ! Mais justement, ceux qui avaient reçu les courriers de François étaient des gens qui savent lire. Ils ont compris que François Weyergans était résolu à remettre les lettres à leur place, c'est-à-dire dans les Lettres.

Le monde des arts plastiques aussi était représenté. C'est ainsi que nous avaient fait l'honneur de leur présence l'artiste Sophie Calle, le plasticien Claude Levêque, et Yves Le Fur, conservateur du musée des Arts premiers. Sans parler des galeristes Kamel Mennour, Emmanuel Perrotin et David Zwirner. Ni du couple Kreo, de la plus grande galerie de design française. La mode était représentée par Émilie Peyronnet, de chez Lanvin, par l'exquise et géniale Véronique Nichanian, depuis plus de vingt ans la styliste hommes de chez Hermès, et par Gérald Marie, de chez Élite, venu «avec quelques amies»...

Les médias avaient fait le déplacement: Édouard Boccon-Gibod du groupe TF1, Philippe Balland et Laurence, sa charmante épouse – Philippe, fils d'un grand éditeur que je n'ai pas connu, hélas, règne aujourd'hui sur les programmes d'Europe 1. Toujours pour la planète médias, il y avait Fabrice Boé, le jeune et brillant patron de Prisma Presse, les adorables époux Laporte de France Culture, Alain Beuve-Méry des pages littéraires du *Monde*. Un de mes anciens stagiaires d'Europe 1 était là, devenu entre-temps patron de *TV Mag* – 27 millions de lecteurs. Il y avait Pierre Vavasseur du *Parisien* et Isabelle Morini-Bosc de RTL – une artiste et fidèle amie que j'ai surnommée «la Pompadour», parce qu'elle ne manque jamais de comparer nos soirées aux salons du XVIIIe siècle.

Valery Giscard d'Estaing fut accueilli par un silence admiratif – l'ex-président, en chair et en os! Fringant à quatre-vingt-trois ans, il se montra disponible et vif. Son sens de la repartie m'a laissé stupéfait. Cet homme parle sans jamais donner l'impression de s'écouter. Et rien ne lui échappe de ce que disent ses interlocuteurs. J'ai particulièrement apprécié la scène suivante. Sally, jeune Rwandaise de vingt-six ans, séduite par la prestance de VGE, lui parle des problèmes qu'elle rencontre avec sa mère. Le président lui répond en mettant en avant son expérience de parent, mais aussi d'enfant, s'ouvrant même, à son tour, de ses propres difficultés avec sa mère, à son entrée dans l'âge adulte :

— J'avais affiché mes ambitions lors d'un dîner en famille. Ma mère, indirectement, m'a fait comprendre que je n'avais pas l'étoffe d'un futur président. Elle m'a conseillé d'arrêter de rêver et de reprendre plutôt des haricots verts.

Et la jeune Africaine de répondre :

— Quel que soit son amour, il est impossible à une mère d'imaginer que son fils atteindra de pareils sommets. Il est normal qu'elle vous ait mis en garde. Elle craignait de vous voir un jour terriblement déçu.

VGE est reparti à 1 heure du matin, entouré d'une discrète escorte policière. Avec François Weyergans, nous l'avons raccompagné au pied de l'immeuble. Je me souviens que nous nous attendions presque à entendre éclater la *Marseillaise* quand sa berline a démarré pour tourner à gauche sur le quai Malaquais.

De retour au premier étage, j'ai trouvé Sally, les yeux embués et le visage envoûté. On aurait dit qu'elle venait d'être choisie par l'amour !

— Qui était-ce ? Tu me donnerais son portable ? Ou son adresse Facebook ?

Que répondre ? J'étais complètement dérouté. Je l'ai priée de m'excuser :

— Je reviens.

J'ai filé me servir un Signatory distillé à Craigellachie – Vintage 2000 – non filtré et donc *very cloudy*. Il me fallait au moins ça pour arriver à imaginer une suite à cette conversation! Mais le hasard s'est chargé de résoudre le problème. Sally avait toujours un prétendant. À ce moment-là, c'était Jean-Michel, un distributeur de cinéma indépendant, qui suivait à la trace ses Louboutin de douze centimètres à semelles rouge vif. Et elle de me lancer:

— Tu sais quoi? Le grand monsieur charmant qui parle vite…

— Eh bien?

— Eh bien, c'est l'ex-président de la République!

— Waouh!

Le manque de repartie est un trait de mon caractère. Mais déjà je me dirigeais vers Christophe pour lui raconter cette histoire. Venu avec un homme roux – son professeur d'arts martiaux –, il était en train de nouer connaissance avec Émilie, trente ans tout rond et déjà directrice du marketing chez Lanvin. Émilie est une jeune femme svelte, musclée, dont les longues jambes et l'air mutin évoquent l'aristocratie wasp. Elle sait aussi vider sa coupe de champagne en prenant un air voyou et en vous fixant droit dans les yeux.

*

Lanvin! La maison où, depuis peu, je fais couper mes chemises sur mesure. La chemise est à l'homme ce que le bijou est à la femme – surtout dans mon cas: je ne supporte même pas le contact d'une montre. En la matière, chacun est en droit d'exprimer sa créativité personnelle: la chemise devient alors un modèle unique. En ce qui me concerne, cette glorieuse maison, qui négocie à merveille son changement de millénaire, m'a permis de résoudre bien des soucis d'antenne.

Souci numéro un : le col mou qui chavire. Autant me bouleverse *L'homme qui chavire* du sculpteur Alberto Giacometti, autant me dépriment les cols qui s'écroulent des deux côtés, ou même d'un seul, et vous refilent une apparence d'authentique mollesse. C'est l'effet pyjama, la faute de goût que même des chaussures bien glacées ne parviendront pas à faire oublier. Eh bien ! ce problème a une solution. Laquelle est entre les mains du « chemisiste » de chez Lanvin, un quadra impeccable dont la dextérité et l'imagination ne sont plus à démontrer. L'homme est tellement stylé qu'au début, je le prenais pour un Anglais. Toujours impeccable, toujours souriant, il a eu l'idée de doubler mes cols de chemise. Une boutonnière renforcée monte du nombril, commence à s'évaser à hauteur de la gorge et finit par recouvrir d'une double épaisseur de tissu l'intérieur du col. La première fois que j'ai boutonné cette chemise dans la cabine d'essayage acajou, au cinquième étage de la vénérable maison, j'ai embrassé le chemisiste.

Et je n'avais encore rien vu ! Car ceci m'amène au souci numéro deux, problème des plus contrariants que j'ai longtemps cru à jamais insoluble : la chemise qui remonte et vous transforme en homme enceint d'un chapelet de quintuplés. C'est cet effet bouffant qui vous oblige au geste particulièrement laid qui consiste à rentrer les pans de sa chemise dans son pantalon. Ce vilain mouvement, en général, s'effectue entre deux portes, sans prendre le temps de se déboutonner. Le résultat est catastrophique pour la silhouette : apparaissent des bourrelets pathétiques qui ressemblent à une couche. Un sale coup, vraiment. En dessous de la ceinture, dirait un arbitre de boxe.

Quand je lui eus exposé mon souci numéro deux, le chemisiste de chez Lanvin se tourna vers son complice, un employé qui le dépassait d'une tête et demie. Les deux hommes échangèrent un regard : ils se comprenaient déjà. Le chemisiste s'est alors tourné vers moi en disant :

— On ne va quand même pas vous proposer…

Ce « quand même pas » n'était pas vexant, mais il avait quelque chose de surprenant. Me proposer quoi ? J'attendais la suite. Un parfum embarrassant flottait dans l'air. J'en avais la pointe des oreilles qui chauffait. Je m'impatientais.

— Allez-y ! Dites.

— Il existe une solution, a repris le chemisiste. Elle ne se pratique plus dans la maison depuis la Première Guerre mondiale.

— De quoi s'agit-il ?

— Bon, vous portez à droite ou à gauche ?

Songeant que c'était l'occasion ou jamais de ne pas répondre « au milieu », j'ai hasardé :

— À droite.

— Il s'agit en fait d'un prolongement de la chemise par-derrière. Non boutonné, ça donne l'impression d'une petite queue. Mais une fois boutonné, c'est impeccable. Il suffit de faire passer cette petite pièce de tissu devant et de la boutonner au bouton le plus bas, sous le revers de la boutonnière… euh, vous me suivez ?

— Je vous suis.

— Ma femme appelle ça un body. Mais pour un homme, ça risque d'être peu confortable.

Il voyait à ma tête que j'étais ravi. Il faut souffrir pour être beau, dit le proverbe. De toute façon, quand je suis à l'antenne, je ne sens rien. Évidemment, il y a aussi les situations privées, voire intimes : c'est là qu'il faudrait être vigilant. Quoi qu'il en soit, j'ai essayé. Et j'ai adopté.

*

Plus tard, toujours au cours de cette soirée riche en rebondissements, je me suis retrouvé en compagnie de Christophe Dechavanne. Nous partagions un même large fauteuil où nous discutions à voix basse, comme deux complices, deux copains du bâtiment.

— Je suis très content d'animer des jeux, me dit-il. J'ai toujours pensé que j'étais fait pour ça. Et j'en ai toujours rêvé. Mais voilà, aujourd'hui, je voudrais revenir à ma société.

Je sentais ses contradictions à fleur de peau. Que devait faire M. Dechavanne, à présent qu'il avait repris la main et que le rapport de forces jouait de nouveau en sa faveur ? Essayer de mieux coller aux enjeux de son époque ? Prendre encore des risques ?

Comme tant de vies humaines, nos destins de producteurs alternent les hauts et les bas, les périodes de chance et de mauvaise fortune. Il y a le temps de la préparation et celui de la réalisation. Il y a le temps de la réflexion. Et celui de la remise en question. Il y a aussi, je pense, les moments où il faut savoir cacher son jeu. Quand le marché vous croit affaibli, l'heure est venue d'avancer discrètement ses pions sur l'échiquier.

La patience est un art. La discrétion aussi. Rien n'oblige à tout réussir tout de suite. Le plus important est d'aimer son métier et de pouvoir l'exercer longtemps. Important aussi : ignorer les rumeurs, autant que possible. Francis Picabia l'a très bien dit : « Ceux qui parlent dans mon dos, mon cul les contemple. » Il faut être raisonnable. On ne peut pas être sur le devant de la scène, entreprendre, produire des émissions, créer des emplois et de la richesse, aimer ce que l'on fait et réussir sans devenir aussitôt une proie pour les moqueurs, les persifleurs et les jaloux. Sans devenir un « guignol de l'info ». Plus on est exposé, plus on est une cible pour la critique. J'en suis là : on se moque de mes défauts d'élocution, et de bien d'autres choses encore. Mais quelle importance, au fond, puisque je dure ? Après tout, il n'est pas déshonorant d'être un sujet de conversation. N'est-ce pas déjà arrivé à Jean-Pierre Papin, Françoise Sagan, Johnny Hallyday, Nicolas Sarkozy, Michel Drucker, Arthur ? Liste non exhaustive !

La liberté de la presse est un droit fondamental, il n'y a pas à y revenir. Or cette liberté inclut le droit à la critique, et même à la caricature. Il est néanmoins deux cas où le Rubicon est franchi : la personne lésée est alors en droit d'exiger réparation. Ces deux cas sont la diffamation et l'atteinte systématique à la vie privée.

La diffamation, d'abord. C'est ainsi que la justice désigne les mensonges créés de toutes pièces dans le but de vous salir, de vous affaiblir. Par exemple, il est des fâcheux – je ne les nommerai pas : qu'ils continuent de parler de moi, cela vaut mieux que l'inverse – pour aller répéter partout que je suis un sale patron, que je maltraite mon personnel et que j'ai la « grosse tête ». Je l'ai peut-être eue autrefois. C'était il y a vingt ans. À l'époque, je travaillais pour Canal Plus, j'étais animateur et producteur salarié de « La Grande Famille ». J'avais vingt-huit ans, j'étais dans le *mood* de la chaîne, une maison capitonnée, un vrai pays des Enfants gâtés. Bref, je ne touchais plus terre. Je m'imaginais que le reste du monde était habité par de pauvres types. En réalité, Canal Plus était un creuset de prétention et de suffisance, du standard à la direction : le salarié de Canal a tout compris et, parce qu'il a tout compris, il s'arroge le droit de se moquer des autres. C'était aussi, il faut le reconnaître, une entreprise où bouillonnait la créativité ; mais elle manquait de recul vis-à-vis d'elle-même, voilà tout.

Toujours est-il qu'on a beaucoup insinué que j'incarnais dans la « vraie vie », à savoir hors antenne, l'inverse des valeurs que je défends dans mes émissions. Je serais une espèce de cynique, un calculateur froid. Ceux qui répandent ces bruits n'ont-ils pas compris que le principe même de l'antenne, justement, est que l'on ne peut pas tricher ? La caméra voit tout. C'est une loupe qui s'attarde sur les défauts. D'où la tentation de caricaturer tous ceux qui travaillent dans la petite lucarne. Suis-je un petit gros à lunettes qui parle comme une mitraillette ? Là n'est pas le sujet. Le sujet, c'est d'être à 100 % dans ce que l'on fait, d'être totalement concentré sur son plateau, de savoir se mettre à la place de l'autre, autrement dit dans son cœur et pas dans sa tête, car nul n'est assez intelligent pour entrer dans le cerveau d'autrui. Il est suffisamment difficile d'habiter le sien !

Il m'arrive de me laisser emporter par les histoires que l'on me raconte. Et, si je suis un peu fatigué au moment de me tourner vers une des neuf caméras pour annoncer la suite du programme, alors je pense à ma grand-mère, et c'est à elle que je m'adresse. Elle ne laissait passer aucune approximation. Pour elle, je me dois d'être non seulement parfaitement clair, mais aussi agréable et de bonne humeur.

Que faire lorsqu'on est victime de diffamation et que des malveillants tentent de vous arracher à la réalité pour faire de vous un autre? J'ai longtemps traité ces attaques par le mépris. Je gardais le silence. Je jugeais qu'elles ne méritaient pas d'être prises en considération. Et j'avais tort. En fait, il ne faut jamais rien laisser passer. Il faut toujours démentir, préciser les choses et les remettre à leur place – cent fois, mille fois, autant que nécessaire.

Aujourd'hui, je redoute surtout les procès d'intention médiatiques, car ils sont les plus nocifs. Par le truchement de la rumeur, leur but est de ruiner ce qui pour moi compte le plus : ma relation avec les téléspectatrices et téléspectateurs. À Réservoir, le sujet est pris au sérieux. Il est vrai que la presse s'intéresse davantage aux trains qui déraillent. Pourtant, le train qui arrive à l'heure ne présente pas moins d'intérêt, ne serait-ce que pour les services qu'il vous rend !

D'où ma décision de ne plus rester sans réagir. D'ailleurs, les tribunaux ont très souvent condamné les revues qui m'avaient diffamé, et dont je préfère ne pas citer les titres, toujours pour la même raison : qu'elles continuent de parler de moi, cela vaut mieux que l'inverse.

*

Mais il n'y a pas que la diffamation. Il y a aussi l'atteinte à la vie privée. C'est le deuxième exemple d'offense que je ne peux pas laisser passer sans réagir.

J'aime animer des émissions, approfondir les questions liées à la vie sentimentale, familiale ou sociale – sujets qui m'intéressent plus que le divertissement et la variété. Je suis impliqué à fond dans ce que je fais et je me donne à mon activité à 200 %. Mais la caméra est une pompe à énergie. À l'antenne, pas question de se déconcentrer, même une demi-seconde. Quand on quitte le plateau, on est lessivé – et si ce n'est pas le cas, c'est que l'on n'a pas été bon, ou que l'on n'a pas joué le jeu.

Ce métier est génial en termes de vibrations, du fait de la puissance d'émotion qu'il dégage lorsqu'on plonge d'un seul coup dans un vrai moment de vérité, lorsqu'un invité dit une chose qui touche profondément le plateau au complet, à commencer par lui-même. Mais il est le plus exigeant des maîtres : il attend que vous donniez le maximum. Raison pour laquelle je suis si heureux de me retrouver soudain hors antenne ! Et, pour être de nouveau d'attaque en plateau et me ressourcer, j'ai mes propres méthodes. C'est pourquoi je goûte si fort les moments de pure détente où la pression se relâche, où la vie personnelle, intime, reprend ses droits.

Être photographié, poursuivi, harcelé dans ces moments-là… Qui supporterait d'être sans cesse la proie de l'espionnage ? De se demander à chaque instant où se cache le paparazzi ? D'être filmé ou photographié à son insu ? L'intrus est peut-être en planque dans une voiture au pied de l'immeuble. Si ça se trouve, il est dans l'escalier ! Ou sur cette moto qui vous suit depuis un moment en tâchant de garder la distance, ce qui ne trompe personne.

Paranoïa ? Non. On ne vit plus de la même façon quand on sait qu'il y a dans les parages un téléobjectif capable de vous shooter à un kilomètre de distance. On n'est pas serein quand on est obligé de rabattre la capuche de son fils pour éviter que son visage ne soit exploité à des fins commerciales, de retirer sa main de l'épaule d'une amie, de crainte que ce simple geste ne donne lieu à des interprétations fantaisistes.

Quand je dis «violation de la vie privée», je fais allusion à ces photos volées dans ces circonstances objectivement intimes. Je ne parle ni des reportages de plateau, ni des manifestations publiques, ni de la tribune officielle de Roland-Garros. Je parle de la frontière au-delà de laquelle on quitte le territoire de la vie publique. Des images litigieuses ont été prises à mon insu dans la rue où je marchais avec mon fils ou avec ma fiancée, à la terrasse d'un café, sur le lieu de nos vacances. Ce sont des «paparazzades», comme je les appelle. Les magazines les diffusent à grande échelle, au mépris de la loi. Ils arguent que je ne suis pas en position de protéger ma vie privée, puisque je demande à mes invités de raconter la leur! Je vois pourtant une différence, qui ne peut avoir échappé aux responsables de la presse people, à savoir que mes invités participent à mes émissions de leur propre gré; et quant aux aspects de leur vie dont ils ne souhaitent pas parler, nous faisons l'impossible pour les protéger des regards.

En tout cas, je trouve scandaleux de se découvrir à la une d'un journal people, alors qu'on se croyait en vacances, à l'abri des importuns. J'estime qu'il y a là violation de la vie privée. Un paparazzi qui franchit la ligne jaune doit s'attendre à en subir les conséquences et assumer ses responsabilités.

*

J'ai dit que j'avais mes méthodes pour récupérer mes forces, dans ce métier qui génère un stress difficilement supportable. Si être filmé est chose agréable, j'avoue que j'apprécie de quitter le feu des projecteurs. J'aime attraper au vol une tranche de sommeil quand l'occasion s'en présente. Dix minutes de sieste et de sommeil profond : voilà qui fait du bien. Dix minutes, pas plus : je ne peux me permettre de prendre du retard dans la mise en place de l'émission suivante.

Je puise aussi mon énergie dans le sport. Depuis trois ans, je cours beaucoup. En 2006, j'ai décidé de courir une course mythique : le marathon. Quarante-deux ans pour quarante-deux kilomètres : c'était le moment ou jamais de m'y mettre ! 42 195 mètres, pour être précis : la distance qui sépare d'Athènes, la capitale grecque, la ville de Marathon. La légende veut qu'un messager l'ait parcourue d'une traite, en 490 av. J.-C., pour délivrer à la Boulê la nouvelle de la victoire des Grecs sur les Perses.

On se sent bien après avoir couru un marathon. Quelquefois aussi pendant… mais c'est plus rare ! L'épreuve doit être préparée avec soin : elle exige neuf semaines d'entraînement, à raison de quatre sorties par semaine. Le dimanche est jour de sortie longue – laquelle ne cesse de s'allonger au fil des semaines, pour atteindre trois heures de course à l'approche de l'épreuve. En période normale, l'entraînement est fractionné : on court une heure ou une heure et quart, en variant les allures pour muscler le cœur, et le reste du corps par la même occasion, car la course fait travailler tous les muscles. Il convient de garder une posture bien droite et de rentrer les abdos.

On a coutume de dire à ceux qui s'engagent dans la préparation d'un marathon qu'ils peuvent s'attendre à en avoir le corps brisé. Aussi vaut-il mieux éviter de crier sur les toits que l'on a décidé de se lancer dans la préparation d'une telle course. D'une façon générale, je crois d'ailleurs qu'il est préférable de ne pas annoncer ce que l'on a l'intention de faire : il faut le faire, un point c'est tout ! On ne relève pas les défis dont on parle. Pour ma part, j'ai relevé celui du marathon de Paris en 2006, en moins de cinq heures. L'expérience m'a laissé des souvenirs énormes. Le marathon est une course d'ambiance, comme le Tour de France : il sort du stade pour traverser la ville, la campagne, la vie des gens.

Le sport procure de l'énergie, il transforme la mauvaise fatigue en bonne fatigue et élimine les toxines. De toute façon, il est bon d'avoir des passions hors antenne. Je m'intéresse au sport, mais également aux arts plastiques. J'encourage l'art contemporain en achetant des œuvres aux créateurs. Je préfère investir dans la sculpture ou la peinture, au lieu de placer mon argent dans les puits de pétrole ou les parkings. Bien sûr, en termes d'investissement, l'art est plus hasardeux que l'or noir, mais la vie ne l'est-elle pas aussi ?

Je suis de plus en plus attiré par les arts premiers, à cause de l'énergie pure et sans filtre qu'ils dégagent. Les arts premiers, c'est du brut de brut : ça vient de loin, géographiquement et historiquement. Et c'est énergisant, surtout quand les sorciers l'ont chargé de mixtures végétales ou animales. C'est ainsi que je collectionne les fétiches et les masques. En général, ils finissent dans ma chambre. Ces statuettes et ces têtes peuvent avoir quelque chose d'effrayant ; personnellement, elles me rassurent, comme des âmes venues habiter les lieux que j'aime.

Les livres sont aussi de bons compagnons de route. J'en ai toujours des dizaines à portée de la main. Certains sont pour moi des guides. Ils déclenchent d'interminables discussions entre amis. Car la conversation est aussi l'une de mes passions. Parler de tout et de n'importe quoi, échanger, percevoir l'âme de son interlocuteur, éprouver des instants de communion, avoir le sentiment de comprendre l'autre…

J'aime aussi voyager, ce qui ne va pas sans mal car je crains l'avion et les tunnels. Il m'est arrivé de traverser des pays en voiture ou en train. J'ai beaucoup bourlingué durant mes phases de misanthropie, quand je trouvais la vie injuste et mes semblables insupportables. Dans ces moments-là, j'appréciais de pouvoir partir seul à la rencontre de personnes qui ne me connaissaient pas, de vivre dans des pays où l'on ne parle pas français et où mes émissions sont inconnues.

Mes voyages peuvent aussi donner lieu à des incidents auxquels la presse ne manque pas de faire écho, telle cette fameuse histoire à bord du vol Air France Paris-Johannesburg. C'était le 13 février 2007, jour anniversaire de la reine mère – Sigmund Freud, sors de ce corps ! Anniversaire que nous avions fêté trois jours plus tôt dans un restaurant qui n'est plus – loin s'en faut ! – ce qu'il était sous Napoléon III, quand les jeunes femmes aux mœurs légères s'y faisaient inviter et, pour vérifier la qualité du diamant qui leur était offert, s'en servaient pour griffer en longues diagonales les miroirs des salons – on peut en voir encore les traces. Ce n'est pas moi qui avais choisi cet endroit. Ma mère nous y avait convoqués, Élisabeth et moi. Comme d'habitude, j'avais réglé l'addition. La soirée s'était déroulée d'une façon atrocement banale. Bref : le dîner de trop, sans doute. Et c'est peut-être ce qui fit déborder la coupe. D'où ma réaction imprévisible dans l'avion, cette façon que j'ai eue, littéralement, d'exploser en vol.

*

La vie d'un dirigeant de société de production, surtout si elle est fortement médiatisée, donc automatiquement décriée, n'est pas faite que de ces moments vivifiants qui nous font tant aimer notre métier. Et pourtant, des bons moments, il y en a ! Créer des concepts d'émissions ou de séries documentaires, convaincre les clients que vos idées sont pertinentes et adaptées aux besoins de leur antenne, lancer de nouveaux talents, partager le succès avec le diffuseur… car le succès se partage, et c'est ce qui est chouette. Comme l'affichait à juste titre le magazine *Stratégies* : « On est content de l'avoir fait ensemble ! »

En revanche, l'échec isole : c'est la règle. Il faut simplement l'accepter, prendre ses responsabilités et faire en sorte qu'une même erreur ne se reproduise pas. Se rappeler aussi que l'on apprend beaucoup de ses erreurs.

Depuis la création de Réservoir en 1994, mes équipes ont connu leur lot d'échecs et de ratés, mais aussi plusieurs grands succès sur diverses chaînes. Nous avons produit de nombreuses émissions : « Vis ma vie » pour TF1, « C'est mon choix » pour France 3, ainsi qu'une trentaine de *prime time* en cinq ans, dont «Maison à vendre» pour M6, «Stars à domicile» pour TF1, «Recherche appartement ou maison» pour M6, «La Vie en clair» pour Canal Plus. À quoi il convient d'ajouter, pour France 2, «Ça se discute», «Jour après jour», puis «Toute une histoire» qui fonctionne depuis 2006 et représente le plus grand succès du service public pour les femmes de moins de cinquante ans. J'en profite pour remercier toutes les femmes qui nous font l'honneur de nous suivre : qu'elles sachent que nous faisons tout pour que l'émission soit meilleure à chaque rentrée. Mais les hommes ne sont pas en reste ! Eux aussi sont les bienvenus sur le plateau et au sein de notre club de téléspectateurs. Nous avons même décidé de rétablir la mixité dans l'émission en faisant une – petite – place aux hommes.

Si j'osais prendre le risque de généraliser, je dirais que les hommes sont plus difficiles à interviewer que les femmes. En effet, ils ont tendance à s'exprimer en visant un but précis – le plus souvent pour obtenir quelque chose. Tandis que les femmes aiment parler pour parler, pour le plaisir d'échanger des impressions et de mieux saisir les méandres de l'âme humaine. Les femmes se posent toujours des questions. Pourquoi a-t-il fait ça ? Pourquoi ne m'a-t-il pas dit plutôt ça ? M'aime-t-il ou n'aime-t-il que lui-même ? Pourquoi ma mère m'en veut-elle à ce point ? Pourquoi ai-je de telles tentations ? Et pourquoi ai-je envie de m'y intéresser au lieu de les chasser de mes pensées, puisque je les désapprouve ?

J'aime produire «en grand» – par exemple, «La Grande Impro» de TF1. Cependant ma préférence va au plateau plus petit, à échelle humaine, propice aux histoires et à l'expression des sentiments. Les histoires ! J'en ai entendu des milliers. Toutes étaient différentes. C'étaient les histoires des autres. Elles transitaient par moi pour arriver à l'antenne et toucher le public.

À présent, il y a aussi mon histoire, objet du présent livre.

L'ART ET LA VIE

Je ne raterais pour rien au monde l'occasion de réunir du monde dans l'appartement que j'ai eu le bonheur d'acquérir en 1995, juste avant l'explosion du marché immobilier. Il est situé au coin de la rue Bonaparte et du quai Malaquais. Il regarde le plus beau musée du monde : le Louvre. La vue est si intimidante qu'au début je me cachais derrière le rideau pour en admirer l'architecture.

Le Louvre... J'en suis membre bienfaiteur. Je tiens à faire honneur au travail remarquable effectué par le président Henri Loyrette, qui a réussi à faire grimper d'un gros tiers la fréquentation du musée. Cet homme est un génie qui fait briller le génie des autres. En outre, il a su mobiliser ses salariés et leur rendre leur fierté en hissant leur établissement à sa place : sur le toit du monde. Je tiens aussi à rendre hommage aux artistes, aux maîtres historiques, bien sûr, mais également aux créateurs contemporains comme Jan Fabre, cet « ange de la métamorphose », comme on l'a appelé, dont les œuvres en miroir ont dialogué en 2008 avec celles de Rubens et de Van Eyck.

Je trouve merveilleux de pouvoir aller si facilement admirer *La Vierge du Chancelier Rolin*, ou

Vierge d'Autun, de Jan van Eyck. Cette œuvre est pour moi un enchantement, un modèle de grâce et de virtuosité dans la construction. Certains personnages, qui mesurent moins d'un millimètre, se distinguent sur un pont au second plan, sous le doigt de l'Enfant Jésus. L'œuvre met en scène les possibilités de la perspective, invention récente au XVe siècle, qui donne l'impression de percer les murs et d'ouvrir le monde sur l'infini. Van Eyck, que l'on considère comme l'inventeur de la peinture à l'huile, a apporté sa contribution à cette étape décisive de l'histoire de l'art.

De Leonardo, j'apprécie particulièrement la *Vierge au rocher* et le sublime *Saint Jean-Baptiste* surgissant de son « jus de pruneaux », comme Manet qualifiait ce flou artistique ordinairement appelé *sfumato*. Quant à la Joconde, je pourrais la contempler pendant des heures, telle une allégorie du temps qui passe, avec ce sourire et ce regard qui vous pénètrent où que vous vous trouviez dans la salle. On dit que le *signor* Giocondo, ayant commandé l'œuvre, la refusa. D'après lui, sa femme y avait l'air d'une catin – alors qu'elle lui avait donné deux héritiers mâles, ce dont il souhaitait du reste la remercier par ce portrait. N'avait-elle pas les sourcils épilés, prérogative des courtisanes? J'ai ma propre théorie sur ce tableau. Selon moi, la Joconde ne sourit que pour l'œil humain, la caméra ou l'appareil photo. Sans cela, pas de sourire! Autrement dit, c'est l'admirateur qui lui donne vie, comme le prince charmant réveille la Belle au Bois dormant en lui donnant un baiser. Lorsque la Joconde est à l'abri des regards, elle est triste, elle ne sourit plus; le spectateur, en revenant à elle, lui apporte un souffle de vie.

Sur les plateaux de tournages,
une élégance naturelle.

«J'ai grandi jusqu'à l'âge de six ans à Verrières-le-Buisson. Mes souvenirs de cette époque sont à la fois rares et fort peu paisibles. C'était avant le divorce de mes parents, qui s'était laissé annoncer…»

«Mes parents m'ont construit en se déconstruisant, ils m'ont appris à développer mon libre-arbitre pour résister à leurs contradictions, appris à me méfier d'eux et de moi, appris à apprendre, en somme...»

Jean-Luc Delarue entre à Europe 1 à l'âge de 23 ans, en 1987. « Cette station deviendrait pour moi une maison et bien davantage. »

Au côté d'Elle Macpherson, en 1992, à Los Angeles, à l'époque de « L'Équipe du matin » sur Europe 1.

De 1990 à 1993, Jean-Luc anime et pilote « La Grande Famille », sur Canal Plus. « J'avais vingt-huit ans, j'étais dans le *mood* de la chaîne, une maison capitonnée, un vrai pays des Enfants gâtés. Bref, je ne touchais plus terre. »

À Venise avec sa grand-mère maternelle, Renée. « Cette femme m'a sauvé la vie jusqu'à sa mort... Heureusement, je croiserai un jour la route d'une autre fe[illegible]e qui m'initiera à la vie... »

À l'époque de Réservoir Prod et de «Ça se discute», que Jean-Luc présentera sur France 2 de 1994 à 2009. «Cette émission m'a permis d'éprouver combien les secrets peuvent être lourds à porter, quelle place ils occupent parfois dans les cœurs…»

Le jour du baptême républicain de son fils Jean, en octobre 2007. « Je venais de passer trois nuits à peindre des bustes de Marianne achetés à la boutique officielle de l'Assemblée nationale, histoire d'adouc l'aspect protocolaire de la cérémonie… »

« Je ne respecte pas vraiment le rythme de vie idéal recommandé par le docteur David Servan-Schreiber. Je fais trop de sport ou pas assez. Je cours trop de marathons ou de semi-marathons, les 20 kilomètres de Paris, le Paris-Versailles, sans pitié pour mon cœur. »

En vacances en Afrique australe, dans les années 2000. «J'aime voyager, ce qui ne va pas sans mal car je crains l'avion et les tunnels…»

J'ai deux personnes à qui je veux
onner mon amour: mon fils Jean et
ıa femme Annie.»

Un des nombreux moments pendant lesquels Jean-Luc écrivait son livre, aux Philippines, durant l'été 2010.

À l'hôpital, en mars 2012, l'assistant de Jean-Luc le photographie en train d'écrire son livre, entouré de portraits des gens qu'il aime : sa grand-mère Renée, son fils Jean et sa femme Anissa.

RMC
RTL
france bleu

Le 24 février 2011, à Quimper, Jean-Luc entame son tour de France de la prévention contre les addictions. «Si mon intervention pouvait sauver un élève parmi tous ceux que je vais rencontrer, cela suffirait à donner tout son sens à cette action.»

Vacances à la Jamaïque avec Anissa, en août 2011. « Je suis fier qu'Anissa ait accepté de porter mon nom. Il y a une page à tourner. C'est le deuxième livre de ma vie qui va s'écrire maintenant. »

Entouré de Laurent Delahousse et Frédéric Lopez, pour la présentation de la grille de rentrée 2011 de France 2. Le 2 décembre, trois mois après le premier numéro de «Réunion de famille», Jean-Luc annonce qu'il souffre d'un cancer. «Je me suis mis à redouter que l'on ne fasse circuler sur mon compte des informations – vraies ou fausses – dans le but de nourrir le scandale, d'alimenter la polémique, de vendre des journaux, de faire de l'argent à tout prix, quitte à inventer des mensonges. Le mieux était donc de prendre les devants.»

Avec Anissa, à Belle-Île, où Jean-Luc se faisait bâtir une maison et où ils se sont mariés le 12 mai 2012. «J'ai chaud au cœur quand elle m'appelle "mon mari"... Je suis heureux.»

Je me rends au Louvre au moins deux fois par semaine, une fois sur quatre avec Jean, mon fils d'à peine trois ans, que je porte dans mes bras, à la bonne hauteur. Lorsqu'il m'accompagne, la visite dure moins longtemps, mais il ne manque jamais de fixer son attention sur un tableau en particulier. Jean adore *Les Noces de Cana* de Véronèse, où Jésus transforme l'eau en vin. Il aime aussi le *Sacre de Napoléon* par David, le plus grand tableau du musée. Sans parler du *Radeau de la* Méduse, que l'on doit au talent d'un fou génial appelé Géricault, mort à l'âge de trente-quatre ans. Delacroix était son disciple, et c'est lui qui a achevé l'œuvre en y ajoutant le personnage mort dont on n'aperçoit que les jambes. J'ai observé que Jean, chez Corot, apprécie les portraits de jeunes femmes plus que les natures mortes – voilà un garçon qui ne manque pas de goût !

Mais ce qu'il préfère, c'est le chocolat au Café Marly ; il le déguste avec un moelleux et son goûter s'achève par le carré de chocolat servi avec mon café. Willy, le serveur, lui en glisse deux de plus dans les poches, à croquer sur le chemin du retour. Tandis que nous marchons, Jean les déballe en même temps, de sorte qu'il y en a toujours un qui fond dans la paume, composant une œuvre abstraite à la manière de Tapiès ou de Soulages. Son petit manège m'amuse, mais je n'en montre rien ; je me contente d'ouvrir un paquet de mouchoirs pour lui essuyer la main.

J'ai une passion pour Van Eyck, Vinci, Raphaël, Dürer et Vermeer, dont le Louvre possède deux tableaux, *L'Astronome* et *La Dentellière*. Dans cette dernière œuvre, le seul élément parfaitement net est le fil, qui capte toute l'attention. Mais j'aime aussi les flacons de Zurbarán et les pêches de Chardin ; sans parler des nus de cet érotomane de Boucher, ni de Fragonard, dont la virtuosité libertine donne toute sa mesure dans *Le Verrou* : un jeune homme, d'une main, repousse le loquet d'un boudoir, tandis que, de l'autre, il s'empare de la taille de sa jeune maîtresse, sensuelle et frémissante, dont un pied impatient s'élève déjà du sol ; à gauche du tableau, il n'y a « rien » – rien d'autre qu'un lit, autrement dit le proche avenir, contrepoint temporel à l'action présente…

*

Mais aucune œuvre ne me bouleversera jamais autant que *La Mort de la Vierge* peinte par Le Caravage. La Vierge est en rouge, au cœur de son humanité, le ventre gonflé par les effets de la noyade, comme celui de la prostituée qui servit de modèle à l'artiste. Tout dans cette scène exprime l'amour et le chagrin que l'on peut ressentir quand disparaît un proche, dont la mort nous ouvre les portes du néant.

C'est ce que j'ai ressenti quand ma grand-mère a quitté ce monde. Je me rappelle son corps si froid sous mon baiser. Elle était le grand amour de ma vie : un mètre cinquante de tendresse et d'énergie. Son cri de ralliement : « Pas une minute à perdre ! » Sans autre diplôme que son certificat d'études, elle s'était inscrite à soixante-dix ans à l'École du Louvre pour y suivre des cours d'égyptologie. Lorsque je pense à elle, entre ces murs vénérables qui ont vu Catherine de Médicis, je ne puis m'empêcher de penser qu'elles se seraient bien entendues, par-delà le temps, ces deux fortes femmes que rien ne décourageait jamais !

C'est ma grand-mère qui m'a fait découvrir l'opéra. Elle faisait la queue dès minuit pour être la première, le matin, à l'ouverture du guichet. Pour s'aider à patienter, elle dorlotait toute la nuit son thermos de café et créait autour d'elle des attroupements où l'on discutait politique et économie. À ses interlocuteurs d'un soir, elle racontait la vie de Pavarotti : son timbre, sa carrière, l'évolution de sa voix, de son poids.

— En ce moment, disait-elle, il ne mange pas sainement. Il faudrait qu'il vienne dîner à la maison.

On aurait pu croire, à l'entendre, qu'elle parlait de son amoureux ! Il faut dire que dîner chez ma grand-mère, c'était l'assurance d'être traité comme un roi. Pour ne rien dire des calories – solides et liquides. La soirée commençait par l'Americano maison. Suivaient le vin blanc d'Autriche et le rouge italien. On passait ensuite à table pour déguster en entrée une *salata de vinette*, comme elle disait. Sous nos latitudes, ce plat se nomme purée d'aubergines. Ma grand-mère commençait par en brûler la peau en les tenant par le pédoncule au-dessus du feu. Puis elle les travaillait délicatement, avec sa grande fourchette de service, non sans y laisser des morceaux solides, légèrement filandreux, qui fondaient sous la dent.

Enfin venait sa spécialité : l'escalope panée. Grand-mère exigeait du boucher qu'il lui coupât un morceau épais, contrairement à la mode actuelle. Comme les frites, son escalope subissait deux bains ; et le second rendait la panure croustillante comme un biscuit sorti du four. Les frites étaient servies à part ; elles aussi étaient épaisses, découpées au couteau. Le plat s'accompagnait de poivrons rouges grillés, puis mis à tremper dans un bain d'huile d'olive où flottaient des gousses d'ail. Poivrons et aubergines étaient préparés la veille, de sorte que l'huile où ils avaient mariné s'était imprégnée de leur saveur.

Grand-mère ne manquait jamais la fête annuelle de Réservoir Prod, où elle paraissait munie de son inévitable thermos de café, comme à l'Opéra. Du reste, elle en avait besoin puisqu'elle restait jusqu'à la fin. À la fin de la fête, au lever du jour, nous allions prendre un café ensemble au Flore. Après quoi il ne nous restait plus qu'à rentrer dormir.

De temps en temps, nous allions au Louvre voir la collection des Cyclades, ou à Orsay admirer les impressionnistes. D'autres fois, nous faisions ensemble les boutiques de vêtements – des foulards, une robe, des chaussures ; puis nous coupions la place du Québec pour remonter jusqu'à la Fnac de la rue de Rennes, où nous achetions des disques. Elle m'offrait des CD d'opéra. Quant à moi, en faisant bien attention à ne pas abîmer son brushing ni faire tomber les grosses lunettes noires Wayfarer qu'elle ne quittait jamais depuis son opération des yeux, je lui mettais un casque sur les oreilles pour tâcher de la sensibiliser à David Bowie – en pure perte, il faut bien le dire.

Après la Fnac, nous redescendions vers Saint-Germain, bras dessus, bras dessous. Une de nos autres destinations favorites était la Brasserie des Écoles, dont elle était la vedette : le chef lui-même venait en salle pour la saluer. Nous prenions toujours la même table, tout de suite à gauche en entrant. Nous déjeunions côte à côte en regardant le monde. Un petit salé, une brandade, puis une île flottante pour elle et, pour moi, une tarte aux framboises. Quand arrivaient les desserts, j'attendais en silence sa phrase rituelle. Regardant mon assiette, elle disait alors en soulevant ses Ray-Ban :

— Quand tu étais petit, tu appelais ça des « françoises ». Je te l'ai déjà dit ?

La fin du repas la trouvait fatiguée, un peu pompette et infiniment drôle. Soudain, les yeux baissés vers le sol, elle contemplait ses souvenirs ou chantonnait d'une voix un peu fausse un vieil air de son temps. Ses grosses joues pleines, joliment ridées de sillons qui dessinaient des vagues de parenthèses autour de son sourire, accueillaient mes énormes baisers. Sa peau de macaron sentait encore le lait et la poudre de riz.

Après le café, nous reprenions la direction de la rue Bonaparte – mais en taxi. Et la sieste durait jusqu'au soir.

*

Je repense à la naissance de Jean, mon fils.

La nuit du 21 octobre 2006, vers 2 heures du matin, alors que nous étions sur le point de nous endormir, Élisabeth s'est assise en disant :

— C'est la première fois que ça m'arrive…

— Quoi ?

— Je viens de faire pipi au lit.

D'une voix étonnamment forte, je lui ai fait remarquer qu'elle était sûrement en train de perdre les eaux.

Dans le taxi, ma main sur son ventre, j'ai compris qu'il faudrait sans doute se montrer énergique. Je connaissais les usages des carabins, grâce au bon docteur P. Sachant que nous étions à la veille du week-end, il n'était pas impossible que les jeunes et sympathiques internes fussent en train de jouer au Texas hold'em poker ailleurs qu'à l'hôpital… s'ils n'étaient pas partis faire la bombe au Baron ou au Chacha Club !

Huit heures plus tard, à 11 h 30, je n'avais toujours pas lâché prise. Dans la chambre, le téléphone a sonné. On avait réussi à réunir une équipe au bloc opératoire et notre gynécologue était prêt à pratiquer une césarienne sous anesthésie locale. Apparemment, le bébé avait choisi de naître dans la position du pilote de F1 : il se présentait par le siège.

Peu après, on emmena Élisabeth pour l'intervention. J'ai suivi. Elle roulait en position horizontale. Près de l'ascenseur réservé aux brancards, une fenêtre à espagnolette donnait sur une jolie fontaine habillée de mousse, d'où montait un bruissement. Je tenais la main d'Élisabeth, qui souriait.

Le brancard s'est engouffré entre deux épais rideaux de plastique opaque. On m'a bloqué le passage dans l'antichambre du bloc.

— Vous ne pouvez pas entrer comme ça.

L'interdiction venait d'un grand homme vert, interne de son état. Un vrai physionomiste de boîte de nuit. J'ai inspecté ma tenue. Elle me semblait appropriée. Le géant a repris :

— Il vous en aurait fallu une comme la mienne.

Il poussait son avantage : la surprise. La situation devait l'amuser ; elle me désespérait. J'ai détesté ce « il vous aurait fallu ». Pourquoi pas « je vous l'avais bien dit », tant qu'il y était ! La phrase préférée des « enfinbréfistes », qui ponctuent régulièrement la fin de leur raisonnement par un « enfin bref » lâché sur un ton fataliste, du haut de leur suffisance moralisante, quand il est trop tard pour avoir la moindre chance de rattraper la situation.

Ce docteur stagiaire a bifurqué sur un autre thème. Sa mère et même sa femme appréciaient mes émissions.

— Pas vous?

— Non. Écouter les histoires des autres, quel intérêt? Vraiment un truc de bonnes femmes, ça.

Provocation typique. J'imagine qu'il ne s'intéressait, lui, qu'à la science, la grande, la vraie... Je me suis contenté de répondre:

— Vous voulez que je lui fasse un petit mot, à votre mère?

Il m'a tendu une ordonnance sur laquelle j'ai écrit sous sa dictée, en m'appliquant: « À Madame mère, gros bisous du grand ami de Ronald. » Signé: Jean-Luc Delarue. Le personnage avait l'air de sortir d'une fiction gothique, avec sa bouche cruelle et son calot réglementaire serré autour de son crâne, là-haut, par un élastique. Au moment de lui rendre son ordonnance, je me suis ravisé:

— Une tenue comme la vôtre, disiez-vous? Celle que vous portez fera l'affaire. Je n'aurai qu'à faire un revers au pantalon pour l'ajuster à ma taille de nabot. Je vous l'échange contre mes vêtements, veste incluse. En revanche, vous pouvez garder vos mocassins blancs à trous: vous ne rentreriez pas dans mes souliers, je ne fais que du 43.

Ce dialogue exaspérant avait duré trois grosses minutes. Je suis entré mine de rien dans le bloc, vêtu de vert de la tête aux pieds – enfin, presque, puisque j'avais réussi à sauver mes *lucky shoes* Philippe teinte acajou, que j'avais vernies en crachant dessus avant de partir, dans l'espoir qu'elles nous porteraient chance en ce jour où nous en avions sacrément besoin.

Élisabeth dormait profondément. On lui avait administré une barre entière de Lexomil, avant de lui injecter le produit destiné à lui anesthésier les membres inférieurs – « abdomen inclus », m'a-t-on précisé d'une voix qui trahissait la gueule de bois.

La mère de mon fils souriait comme une sainte prête à monter au ciel. Le docteur a mimé l'incision une première fois. Puis une deuxième fois. Son geste se voulait précis comme une estocade. Il n'est parvenu qu'à marquer une hésitation. La coupure aurait dû être horizontale ; elle a fini comme un sourire au côté droit.

Sept minutes plus tard, j'étais père. J'ai coupé le cordon. L'enfant a crié. Nous pleurions.

J'avais plus de quarante ans, et voilà qu'après huit mois de vie utérine cette bombette de 2,6 kilos avait décidé de brailler un bon coup – le cri primal, la vie jaillissant de vos veines. Le papa éprouvait cela, lui qui pourtant n'avait pas eu le privilège de porter la chose dans son corps, d'être dans sa chair le nid de l'oisillon. Pourquoi ne sommes-nous pas appareillés comme les mamans ? Pourquoi ne pouvons-nous pas communiquer en direct avec le bébé ? Pourquoi ne pouvons-nous pas faire qu'un avec lui ?

*

Ma mère et moi ne nous parlons plus depuis octobre 2007, autrement dit depuis le baptême républicain de mon fils. Ce fut pourtant une fort belle soirée ! Le premier baptême républicain de l'histoire du VIe arrondissement. Célébré par monsieur le maire en personne, Jean-Pierre Lecoq. Dans la salle des fêtes où se marièrent naguère les Chirac, mais aussi Jean-Paul Belmondo et Natty. Oui, une belle fête. Celle des enfants, autant que des adultes.

J'avais demandé à un couple d'animateurs d'inventer des jeux pour la quinzaine de bambins présents. C'était une façon de rappeler aux adultes – et à moi-même, par la même occasion – qu'il faut conserver l'enfance en soi, comme notre bien le plus précieux. Les animateurs avaient installé dans notre chambre une table ronde en carton, façon chevaliers, et organisé dans l'appartement un jeu de piste conduisant à Excalibur.

Pour ma part, je venais de passer trois nuits à peindre des bustes de Marianne achetés à la boutique officielle de l'Assemblée nationale – histoire d'adoucir un peu l'aspect protocolaire de la cérémonie. Martine, mon assistante, m'avait aidé à compléter cette collection en cherchant sur eBay d'autres bustes à l'effigie de Brigitte Bardot, Catherine Deneuve ou Inès de la Fressange. J'aurais voulu les affubler de moustaches noires à la Dalí, dans un esprit surréaliste ; je me suis contenté de leur peindre les tétons en rouge. J'y ai collé aussi des cocardes tricolores. Et j'ai souligné leurs yeux d'un trait de khôl. Le soir de la fête, il y avait de ces bustes partout dans la maison !

L'approche de l'événement avait mis à rude épreuve mon sommeil déjà fragile. Je voulais que tout soit parfait ! Une demi-heure avant le baptême, j'étais encore dans la cuisine, en train de mettre la dernière main aux préparatifs et de siffloter la *Marseillaise*. Le moment venu, mon fils portait une écharpe tricolore, la même que celle du maire, Jean-Pierre Lecoq. Le maire a eu la bonté de sourire de cette plaisanterie, ce qui n'est pas si fréquent.

De rien, maman...

On m'a souvent présenté comme le gendre idéal. Beaucoup de mamans auraient souhaité me faire partager leur famille, m'avoir comme beau-fils, moi, alors que ma propre mère ne jugeait pas utile de m'inviter aux réunions de famille, parce que je n'étais pas le fils idéal ; colérique, excessif mais doué pour dégainer la carte bleue.

J'ai conservé une lettre envoyée à ma mère que je voudrais que mon fils Jean lise un jour. Cette lettre me résume et éclaire l'homme imparfait que je suis. Elle exprime, je l'espère aussi, ma sincérité.

Le succès isole, le grand succès isole grandement. Tel Rémi, le personnage d'Hector Malot, je me suis souvent senti sans famille, seul au monde. Alors, bien sûr, les réunions de famille sont pour moi des moments particuliers. Des moments où, à défaut, d'être le fils prodigue et repentant, j'aurais aimé en être, en faire pleinement partie : malheureusement, je ne devais pas en faire assez, ou alors trop en faire.

J'ai dit combien ma grand-mère était importante pour moi. J'ai porté en moi les stigmates de sa mort ; il me faut depuis des somnifères et toutes sortes de drogues pour tenir debout. Sa canne, celle qui m'accompagne depuis sa mort, ne m'aide pas toujours à tenir debout.

Une réunion de famille en hommage à ma grand-mère et je ne suis pas convié. Besoin d'avoir des explications écrites… pour pouvoir comprendre, lire et relire jusqu'à ce que tout ça rentre dans ma tête de « mauvais fils ».

J'ai donc écrit à ma mère pour en avoir le cœur net et l'esprit clair…

*

« Maman, tu m'as écrit des mots si durs qu'ils imposent une mise au point. Tu frappes dans le tas pour provoquer le dialogue, dis-tu, je t'en remercie, même si j'aurais préféré un face à face plus courageux. Néanmoins, je ne vais pas laisser passer cette occasion de te dire ce que j'ai sur le cœur.

« Ce ne sont pas les bases de la reconstruction que tu prétends rechercher, c'est un labyrinthe dans lequel tu me promènes pour que je m'y perde à nouveau, comme autrefois, avec au bout de ce labyrinthe – en guise de Minotaure – Marseille, là où tu vis, cette ville qui est pour moi une étrangère.

« Retour à la case départ, convocation chez maman à Marseille, quinze à vingt personnes – Minos n'en offrait que quatorze à son Minotaure –, mais pour toi pourquoi pas plus, si tu es au centre? Avec une ambition aussi large, tu dois penser ton ventre bien assez grand pour, si ce n'est les manger, au moins les accueillir.

« Pour renouer avec moi, as-tu vraiment besoin de convoquer tant de témoins? Aurais-tu peur qu'on s'ennuie en tête à tête? Ou alors peur tout court?

Entre ces lettres jetées de loin (et depuis tant d'années), balancées comme d'un mortier bien à l'abri derrière ton clavier – et les réunions d'anniversaires qui tant de fois se sont terminées de façon si pathétique –, entre tes crises de nerfs et tes comas éthyliques, écoute-moi, écoute-toi.

« La naissance de Jean n'est-elle pas une chance de tourner le dos aux rengaines névrotiques de ta famille, de saisir ta responsabilité par les cornes en baissant ton stylo, en ouvrant ton cœur en une simple et franche conversation d'adultes, les yeux dans les yeux ? Et bien ! non, tu n'en as pas eu le courage.

« Marseille tous ensemble, à s'agiter pour couvrir le silence assourdissant de ceux qui hurlent pour cacher qu'ils ne savent plus depuis si longtemps se parler simplement, normalement. Dans ce cas, nous devons d'abord réapprendre à nous connaître, trouver le langage qui nous convient à toi et à moi pour pouvoir échanger en paix. Si c'est ton vrai but, invite-moi à déjeuner où tu veux, sans recherche de mise en scène de ton défunt pouvoir.

« Je ne sais plus rien de ta vie et toi pas plus de la mienne.

« Maman, tu demandes de l'amour mutuel, le vrai, le réciproque. Alors, pourquoi ? Pourquoi frapper si fort, avec autant de méchanceté, de rage, de volonté de blesser, de détruire, si ce n'est pour ramasser des morceaux et des miettes ?

« Tu me dis donc – et je l'apprends aujourd'hui en te lisant – que mes "colères" m'ont privé – m'ont puni, devrais-je peut-être dire ? – d'un moment de recueillement et de retrouvailles qui a dû être extraordinaire pour vous quatre qui vous êtes retrouvés, sans me prévenir, sans même me le dire, sur la tombe de notre grand-mère à tous, à nous cinq, adorée.

« Est-ce parce que tu avais peur de mes "colères", maman ? Peur que je vous gâche votre recueillement, moi, le sauvage, vous, les civilisés ?

« Peur de mes terribles "colères" dans un cimetière, un lieu sacré, dans ce moment si précieux qui m'aurait fait tant plaisir – est-ce vraiment l'image que tu as de moi ? Et tu voudrais, sérieusement, que je te crois sincère ?

« Tu as voulu me bannir des circonstances les plus belles, les plus intenses, de la plus émouvante des réunions, si rare dans notre histoire commune à tous les cinq.

« Et lorsque tu m'invites un autre soir (à tous vous inviter) dans un restaurant que je déteste, et qu'à peine assis avec les mêmes frères tu me piques comme une chipolata, dès l'apéritif, en me jetant à cru sur le gril, tu organises sur le vif une séance diapo d'anniversaire des quarante ans de mon frère Philippe, alors que nous étions réunis pour l'anniversaire de Christian et pour le tien. Là, tu n'as plus peur de mes "colères", maman ?

« Pourquoi, pour moi, n'as-tu pas fait une *story* en images de mes quarante ans d'existence, pour mes quarante ans à moi ? Tu ne te souviens pas pourquoi tu as oublié de me faire ce cadeau d'amour (juste un oubli, sûrement, ça t'était sorti de la tête) pour mes quarante ans à moi. Amnésie ? Alzheimer ? Là tu n'as plus peur du tout. Tu t'amuses. Tu veux quoi, au fond, un bon spectacle ? Les jeux du cirque ? Abel contre Caïn ?

« Donc, je résume : tu m'invites ce soir-là à votre anniversaire à Christian et à toi, tu m'invites à vous inviter, je le répète – et finalement cela devient l'anniversaire de Philippe (pourquoi pas?) à qui tu offres une bio-photos mitonnée aux petits oignons, en expliquant à tous que, moi, je n'y ai pas eu droit. Et tu insistes, et tu provoques…

«Je vais t'éclairer avec des mots de moi, des mots à moi, pas les mots des autres comme toi, sur ce qui m'a éloigné de toi. Dire, dans le but de te faire comprendre, et comprendre pour peut-être changer au moins de méthode et de comportement.

«Je reviens donc sur ce dîner du 10 février dernier, de triste mémoire personnelle, comme par hasard trois jours avant le regrettable incident sur le vol pour Johannesburg, trois jours où je n'ai pas pu dormir… une soirée comme tant d'autres de vos anniversaires où, une nouvelle fois, j'étais l'invité carte bleue, porteur de cadeaux que mon emploi du temps ne m'avait pas empêché d'aller choisir moi-même pour vous; pas par ma secrétaire, comme tu l'as laissé entendre, mais de moi à vous, avec soin et amour. Merci à toi, Marie, la femme de mon frère, seule à m'avoir dit merci. Habituellement, les papas et les mamans apprennent ce mot magique à leurs enfants. Merci, Marie, de l'avoir retenu et de m'avoir suffisamment considéré pour me remercier.

«Revenons à nos moutons, maman… Cette soirée où tu me cherches – où hélas, je le déplore, tu me trouves. Tu me dis que, ce soir-là, je t'ai horriblement humiliée, alors que je t'ai suppliée de te taire lorsque tes remarques effarantes m'étaient devenues insupportables.

«Je ne te savais pas alors capable d'encore pire: me priver de recueillement pour ma si chère grand-mère, la femme que j'ai le plus aimée de toute ma vie. Je te remercie d'avoir été si loin, tu n'auras plus jamais l'excuse de l'innocence.

« Je me suis éloigné de toi, je suis parti avant mes dix-huit ans habiter chez mon père, pour me donner une chance de tracer ma propre route intellectuelle, pour ne pas étouffer sous ton emprise sans limite, sans pudeur, intrusive et toxique pour un enfant qui cherche simplement sa liberté. Écrasant mes petites fiancées, t'amusant de mes fuites minables, m'étiquetant si longtemps, si longtemps... comme un pauvre garçon sans avenir, reproduisant sans doute les humiliations de ton père.

« Passer les bornes, y'a plus de limites : quand tu écris, souligné comme on le fait pour un enfant de six ans : "Tu honoreras ton père et ta mère, afin que tes jours se prolongent", c'est tellement gros que ça devient comique. Honorer ses parents ou mourir.

« Toi qui demandes des "vrais mots", pas des refuges derrière des paraboles, tu me brandis donc une menace de mort, au cas où je ne t'honorerais pas ? À ce niveau-là, ta grossièreté, c'est de la franchise. Moi, devoir t'honorer pour prolonger mes jours ? Tu n'as pas honte ?

« Personne ne change, certains évoluent : tu n'as pas changé. Si j'en juge par les citations de tes brillants pensionnaires du Lagarde et Michard, toi qui aimes les hommes en miettes, tu les as toujours lus en morceaux.

« Sur ta rhétorique, en revanche, ton évolution est spectaculaire. Je dois dire que j'admire le travail de recherche. Tu ne cites pas Machiavel dans ton harem des grands hommes (c'est marrant, ça, féministe comme tu es, je ne t'ai jamais entendue citer une femme), Machiavel n'est donc pas dans ta bibliothèque rose. Tu as raison, il ne t'arrive pas à la cheville.

«Madame Delarue, t'es-tu relue?... Si oui, c'est encore pire. Delarue, c'est bien ça? Comment le vit-il, Christian, bien que mariée avec lui depuis plus de trente ans, que tu préfères le nom de mon père au sien, ou à ton nom de jeune fille?

«J'ai imaginé toutes sortes de réponses à ta lettre, de dire les choses que tu demandes, je l'ai imaginé dans toutes les tonalités : rester doux malgré ma douleur, que tu provoques cette fois encore ; et je me dis que je dois cette dernière fois te parler sans haine, sans violence, mais surtout sans mascarade.

«Pourquoi? Parce que je vois chez toi, quand je te vois avec les autres quelques points communs qui me ravissent quand ils sont purs, drôles, énergiques – qui m'horrifient quand je te vois dans ce *vrac* dans lequel tu t'exprimes, dans ce personnage qui se trouve toutes les excuses du monde et qui rejette par principe l'idée même d'une quelconque responsabilité, qui avance et qui écrase avec la manipulation comme arme fatale.

«J'ai rêvé et écrit un courrier que je voulais fondateur d'une nouvelle relation, plus douce. Je l'avais fait plus retenu – il dort gentiment dans le disque doux de mon ordinateur. J'ai finalement changé de plume : ça ne rimait à rien de reprendre la même tonalité que toi, celle qui ne respecte que le vernis des apparences et coule dans une poseuse hypocrisie, où je me retrouvais – comme toi – à caresser puis à gifler, à embrasser puis menacer, tout ça dans un climat fleuri et ambigu, à l'image de la phrase qui précède ta signature, où tu me dis : "Je t'embrasse comme je t'aime." Sans me dire si tu m'aimes.

«J'ai dû m'éloigner dès l'âge de dix-sept ans pour exprimer ma philosophie personnelle, adaptée à mon caractère, à *ma* personnalité, à tout ce qui chez moi n'a heureusement rien à voir avec toi! "Tu es comme moi", ta phrase préférée. "Tu es ma vie..." Non, pas la tienne, juste la mienne.

«Petit, tu m'as si souvent dit que je ressemblais à mon père. Lui aussi, dans les années de votre après-divorce, disait pareil: sauf que "pareil", pour lui, c'était exactement le contraire. C'était un peu mes premiers pas dans l'apprentissage de la culpabilité... Jusqu'au jour où j'ai compris que ce n'était pas moi qui avais choisi de vous unir ni de vous séparer.

«Dommage collatéral, balle perdue, hélas pas pour tout le monde. Je sais: rien n'est ta faute... et mon psychanalyste est riche!

«Mais le bruit, la fureur dont tu parles dans ta petite enfance, je les ai aussi entendus dans les oreilles de ma petite enfance. Et puis, ce couple que vous formiez, qui ne s'aimait pas, qui ne s'était jamais aimé, je le ressentais petit. Tu me l'as dit et martelé, c'est un drôle d'exemple pour un enfant qui cherche à comprendre ce qu'est l'amour. Pas ta faute, maman? Ta souffrance passée ne t'autorise pas à te déverser sur les autres.

«Dans mon enfance à moi aussi, il y avait la guerre. La vôtre.

«Maryse, tu as soixante-sept ans, moi quarante-trois, et tu m'infantilises alors que tu devrais me grandir et me libérer dans mon apprentissage de père. Mais non, tu me prives de gâteau, en l'occurrence de *la* réunion magique pour le dixième anniversaire du décès de ma grand-mère, du seul ciment qui nous unit vraiment tous les cinq.

« Allez, un dernier tour en enfance pour que tu comprennes mieux ce que tu appelles mes “colères”. Je te le dis sans revanche, sans haine, sans reproche non plus, je sais que tu as sans doute sincèrement oublié.

« L'année de mon bac, l'année de mes dix-sept ans, avant ce bac que tu avais décrété loupé d'avance, tu me parlais souvent de mon avenir professionnel. Philippe était à Louis-le-Grand ou à Henri-IV, moi j'étais porte de Vanves, dans un lycée-poubelle. Nous étions à l'époque du second choc pétrolier, tu disais redouter pour moi un avenir de marginal raté, alors tu ne me parlais que de devenir fonctionnaire pour “la sécurité de l'emploi”.

« Philippe, président de la République, moi, employé aux PTT. Disons : fonctionnaires tous les deux.

« En même temps, avec le recul, l'humour tempère aujourd'hui ce que ton mépris de l'époque avait exacerbé – je dirais que finalement, si ce n'est pas les PTT, c'est quand même dans la communication que je me suis trouvé.

« Je ne sais pas si tu sais, toi, qu'à la fin de ma première troisième au CES La Fontaine, tout le collège avait été testé et que j'avais été convoqué longuement. Ils ne comprenaient pas que je me prépare avec délices à redoubler, alors qu'ils m'annonçaient 142 de QI, “meilleur score de ce CES de petite banlieue”. Je ne sais même plus ce que j'en ai pensé, je ne sais même pas si je vous en ai parlé. J'ai appelé papa pour lui poser la question hier soir, il ne le savait pas.

« Maryse, j'espère que tu me suis toujours… Désolé de prendre autant de ton précieux temps, ce n'est plus une lettre : c'est un fleuve !

«On aime bien les fleuves tous les deux. À Villennes, tu disais que tu aimais le voir passer. Tu vois, depuis quinze ans, île Saint-Louis puis quai Malaquais, je vis sur le fleuve. Comme toi, j'ai l'impression que c'est bon pour le flux de mes idées… avec au bout, peut-être, enfin une mer.

«Il est bien tard et, à cet instant précis, je t'ai tout pardonné.

«Mais je ne souhaite pas garder des aigreurs, aussi je me fais une nouvelle fois violence pour te dire cette première et dernière fois tout ce qui me reste sur le cœur. Ce sera fini ensuite. J'ai mis des semaines à te répondre, je ne suis pas au fil de la plume de mes idées : je veux tout solder.

«Je veux comme toi, mais à des conditions équitables, essayer de croire encore qu'on peut rétablir le contact : de fils à mère, mais aussi de père à grand-mère, et surtout d'adulte à adulte. En découvrant ta lettre le lendemain du baptême de Jean, j'étais bouleversé et, comme on dit d'un lapin dans les phares, j'étais sidéré.

«Je ne croyais pas qu'il t'était encore possible de manipuler tes fils comme des objets, toi qui te dis dans cette lettre désormais "très au-delà de ta difficulté d'être". Donc agissant en toute lucidité.

«Voici donc, en guise de solde de tous comptes, ma dernière tournée, un dernier coup d'éponge pour des futures bases nettes de toute rancune.

«"Tes colères nous terrifient", m'écris-tu… C'est *la* phrase du jour, celle avec laquelle tu justifies de m'avoir banni de ta famille lors du rare et exceptionnel moment qui nous aurait permis de communier. Il y a "colères", mais il y a surtout "nous". Tu aimes bien t'entourer quand tu cognes, ça isole la victime, ça fortifie celui qui cause – celui ou plutôt celle qui devient presque leur porte-parole –, ça maintient l'impact en diminuant la responsabilité. "Colère", un nouveau mot dans ta panoplie, ça sent la récup' du vol Air France, il n'y a pas de petit profit !

« Tu ajoutes : "Quand tu m'agresses en permanence, j'ai peur pour ta transmission future." C'est donc le mauvais père pointé du doigt, mais pour le bien du petit, ça te fait "peur" pour lui... Bien, bravo, culpabilité niveau 9 sur l'échelle ouverte de Richter. Mais Richter est mort, et ma culpabilité aussi. C'est une bien perfide agression, déguisée en mise en garde. On retrouve toute notre Machiavelette dans ses petites œuvres... Allons, Marysou, de quoi tu parles ?

« Et tu conclus : "Je ne te raconterai donc plus jamais ce que je ressens." Qu'est-ce qu'on va se dire, alors ? Ce qu'on sent ? Les parfums, les odeurs ? Il va falloir en visiter des jardins et des parfumeries pour trouver des dialogues possibles ! "Renouer" sans jamais se dire ce qu'on ressent... Des animaux domestiques doivent pouvoir réussir ce tour de force, pas des êtres humains. Oublions le fond, "c'est une affaire entendue" (comme dirait grand-mère), pour décrypter de nouveau ensemble ta méthode. En résumé, je te le fais vite, tu me dis que tu m'as bien pollué, mais que finalement c'était pour mon bien, puisque à l'occasion de ce dérapage de dame d'expérience, le moineau tout juste tombé du nid allait en prendre de la graine.

« Et l'estocade finale : "Si haut que l'on soit assis, on n'est jamais assis que sur son cul."

« Merci, maman, pour la piqûre de rappel. Je la connais bien, celle-là, tu me l'as déjà servie des dizaines de fois, mais elle m'en rappelle une autre plus personnelle. C'était il y a quatre ou cinq ans. Un jour, en arrivant chez moi, tu me dis dans un éclair de spontanéité : "Comme c'est beau la déco chez toi", mais tu te rattrapes. Le balancier, toujours le balancier qui veut que la naissance d'un compliment soit toujours la promesse d'une humiliation. Tu te rattrapes donc en quelques secondes, et je te cite, royale : "En même temps, c'est facile d'avoir du goût quand on a du pognon." Facile, facile, ma vie de starlette... C'était la période où tu me disais "Oui, tout le monde bosse, mais toi, tu as gagné au Loto." Merci, maman, n'insiste pas trop ou je vais regretter les PTT.

« Car cette fois, ce sont bien nos points de vue de vie différents qu'il va falloir éclairer, tant ils sont à l'évidence au bord des lèvres de toutes nos tensions, tordant la bouche à chaque tentative de conversation. Toi, comme une boussole indiquant le sud, cultivant dans ton sol, qui ne connaît ni répit ni jachère fleurie, des boutures qui poussent à l'envers, des racines, encore et toujours tes racines, ton point de fuite à toi dont tu te repais, comme un otage à Stockholm.

« Mon point de vue de vie est un point de perspective dont toutes les lignes se rejoignent droit devant à l'infini, par plaisir d'avancer pour découvrir, par nécessité aussi du sublime équilibre que nous enseignent les funambules, qui regardent loin devant pour pouvoir danser sur leur fil. Toi, les pissenlits par les racines, moi, un équilibre, qui – j'en accepte le risque – ne tient sûrement qu'à un fil. Je tire sur le fil ce soir, je tire dessus parce qu'il le faut et tout vient avec – tout s'éclaire. Qu'as-tu fait, Maryse, de ce que tu voulais prendre de moi ?

« Cela fait plus de dix ans que je ne te laisse plus t'approcher trop près de moi, toi qui une nouvelle fois te réfères à Jocaste dans ton mail de "mercis". Va user qui tu veux, mais ne t'aventure pas autour de mon fils. Tu pourras le voir, mais je voudrais qu'on discute des conditions. Je te demande, Maryse, de ne pas pervertir mon fils, même pas une demi-fois, de tes médiocres phrases. Son père a appris à s'en protéger, mais lui, c'est un enfant. Garde le contrôle de toi.

« Voilà, de l'écrit pour répondre à l'écrit, c'est fait et c'est fini. Arrête ton René Char, Ben-Hur, soit on déjeune, on dîne, on règle nos comptes tous les deux et on construit sur de nouvelles bases, soit je prends le risque "de ne pas prolonger mes jours", ou en tout cas pas auprès de toi.

« Je t'embrasse. Merci pour ta lettre. À toi de voir. »

*

Cette lettre a été fondamentale pour moi, pas pour notre relation. Certaines rencontres n'arrivent jamais. La filiation s'est défilée, abîmée, usée… Détruits, tous ces fils qui auraient dû m'empêcher de tomber. Heureusement, j'ai gardé la canne de ma grand-mère.

Avec les femmes

J'ai compris assez tôt que mon père aimait les femmes. Plus tard, devenu jeune adulte, j'ai aimé ce film de Truffaut.

Suis-je, moi, un homme à femmes?

Recherche-t-on désespérément, chez les femmes, la femme qui, originellement, ne nous a pas suffisamment accueillis en son sein?

Je veux évoquer certaines de celles qui ont traversé ma vie; je sais qu'il m'a fallu tâtonner, picorer, tournoyer avant de savoir ce que je cherchais vraiment. Comme pour le vin, c'est dans la maturité que l'on trouve les arômes qui mènent au bonheur de la robe blanche.

*

Elsa

Dix années d'amours de jeunesse.

Elle m'avait trouvé un surnom que j'adorais: «ma bougie», celle qui éclaire et qui brûle. Elle prononçait ce mot avec délectation, de son accent camarguais qui sentait bon la force et la générosité.

Elle me disait aussi : « Quand je te vois, j'ai le ventre qui pousse. » Moi, je n'étais pas encore prêt à être père, j'avais déjà tant de mal à me comporter en homme.

Elsa, j'espère que je ne t'ai pas trop brûlé. Moi, je garde encore cette petite lumière qui vacille, comme nous avons tant vacillé ensemble. Nous nous sommes tant mal aimés.

*

Lætitia

L'entrée dans le deuxième millénaire me fit le cadeau de la passion.

Lætitia, un amour passionnel, né la nuit du 31 décembre 1999.

Je l'avais prise comme assistante sur les vingt-quatre heures historiques que je devais animer avec Michel Drucker sur France 24, pour fêter successivement le passage à l'an 2000 dans les vingt-quatre fuseaux horaires.

On m'appelait le boss. Je me prenais pour un roi. Mais je sentais que le costume était trop grand pour moi. Toujours cette timidité maladive, le complexe fraternel de celui qu'on avait mis dans un lycée-poubelle, pendant que mon frère brillait à Henri-IV. Il y avait au fond de moi un tout petit garçon que j'ai transformé en ogre à coups de grands vins, de vodka et de drogues.

On m'appelait le boss et j'étais le roi des cons.

J'avais jeté mon dévolu sur la plus mignonne de toutes les assistantes. Je lui avais fait un numéro de génie tout-puissant présidant au changement de millénaire. Vingt-quatre heures passées à me défoncer à l'alcool et aux vitamines. Et à bosser comme un malade. Les émissions jusqu'au soir, puis les restos jusqu'au milieu de la nuit.

Je n'avais pas le temps de m'engager dans une relation. Pas plus que je n'étais prêt à me marier. Ni à changer de mode de vie, comme elle le souhaitait. Résultat, elle s'éloignait. Quoi de plus normal ?

La veille de notre départ à Johannesburg – une ville qui ne me réussit pas, décidément –, je lui avais fait une scène. C'était à l'hôtel, après le dîner. Je lui ai dit qu'elle pouvait rentrer en France toute seule. Moi, je restais. Je ne voulais plus la voir. Je me rappelle ce qu'elle m'a répondu :

— Tu en es sûr ? Tu en es vraiment sûr ?

Je l'ai chassée de ma chambre.

Plus tard, je me suis réveillé avec une violente migraine. Un vide immense s'étendait devant moi. Impossible de sortir de mon lit. La lumière traversait les rideaux pour venir me fracasser le crâne. Bien que n'ayant plus sommeil, j'ai décidé que je voulais dormir encore. J'ai attrapé mon pilulier. Celui qui compte les somnifères. Je l'ai vidé dans ma paume. Et j'ai tout avalé. J'ai dormi vingt-quatre heures de rang.

À Paris, nous avons dîné de nouveau et j'ai reparlé à Lætitia de cette fameuse nuit, de ma tentative de suicide-comédie. Car ce n'était pas un vrai suicide. Loin de là. Je n'ai pensé à rien de tel. Mieux vaudrait parler du geste d'un homme imprégné d'alcool, coupé du monde réel. Ensuite, j'ai promis de lui donner tout ce que je lui avais refusé jusque-là : vendre mon appartement, changer de vie. Je ne savais plus vraiment ce que je disais.

Quoi qu'il en soit, j'ai vu qu'elle souriait. Et j'ai entendu qu'elle me disait :

— Non, c'est fini.

Elle m'a offert un lionceau en peluche qui, sur le moment, avait l'air plus fort que moi.

Nous nous sommes revus. Nous sommes restés amis. Beaucoup de délicatesse et de correction de sa part ; j'apprécie et je remercie. Séparation par accord mutuel, respect mutuel qui nous a permis de construire une amitié respectueuse. Nos quatre années d'amour passionnel m'ont permis de grandir. Nous gardons en nous les traces des amours défuntes qui nous permettront un jour de vivre l'amour.

*

Élisabeth

Trois jours et trois nuits de beuveries solitaires.

Je traversais ce que j'appelais à l'époque un tunnel. Un tunnel de plus, je ne roulais pas souvent à l'air libre.

Au réveil de ces soixante-douze heures, j'avais quarante et un ans et rien devant moi sinon une énorme migraine et l'envie de vomir.

Coupé de mes parents et de mes frères, ayant traversé la faillite de mes restaurants et un plan social où j'avais dû licencier cinquante personnes, ma dynamique professionnelle avait coulé une bielle. Je n'étais plus celui à qui tout réussissait, mais au contraire celui qui était en train de planter *tout* ce qu'il avait construit en quinze ans de carrière.

3 jours et 3 nuits de beuveries solitaires – Je traversais ce que j'appelais à l'époque un tunnel. Un tunnel de plus, je ne roulais plus souvent à l'air libre –

Au réveil de ces 72 heures, j'avais 41 ans et rien devant moi sinon une énorme migraine et l'envie de vomir –

Coupé de mes parents et de mes frères, ayant traversé la faillite de mes restaurants et un plan social où j'avais dû licencier 50 personnes, ma ~~dépression~~ dépression professionnelle avait connu une brèche, je n'étais plus celui à qui tout réussissait mais au contraire celui qui était en train de planter tout ce qu'il avait construit en 15 ans de carrière –

Plus rien de beau devant moi – Plus d'amis mais, plus de proches vraiment proches : une ambiance bordélique au bureau, la perspective de la faillite personnelle, je me souviens avoir demandé à Laetitia : "est-ce que tu m'aimeras encore si je suis ruiné ?", elle m'avait répondu "bien sûr", mais nous nous sommes séparés –

Ce jour là je me dis qu'il me faut une famille pour recommencer à zéro. Avant d'avoir des enfants, je réfléchis autant que je le pouvais et me dis qu'il faut sans doute d'abord me trouver une femme –

Je me souviens de la méthode dont avait parlé Michel Sardou dans une idée, trouver une femme "par ordre alphabétique", en appelant systématiquement toutes les femmes de son répertoire en leur demandant si elles voulaient l'épouser. C'est ce que j'ai fait. A la lettre B, EB m'a répondu

Plus rien de beau devant moi. Plus d'amis vrais, plus de proches vraiment proches ; une ambiance lourdissime au bureau, la perspective de la faillite personnelle. Je me souviens avoir demandé à Lætitia : « Est-ce que tu m'aimerais encore si j'étais ruiné ? » Elle m'avait répondu « bien sûr », mais nous nous sommes séparés.

Ce jour-là, je me dis qu'il me faut une famille pour recommencer à zéro. Avant d'avoir des enfants, je réfléchis autant que je le pouvais et me dis qu'il faut sans doute d'abord trouver une femme.

Je me souviens de la méthode dont avait parlé Michel Sardou dans une interview : trouver une femme « par ordre alphabétique », en appelant systématiquement toutes les femmes de son répertoire, en leur demandant si elles voulaient l'épouser. C'est ce que j'ai fait. À la lettre B, E. B. m'a répondu. C'est un procédé qui en vaut un autre, surtout à l'heure d'Internet et des clubs de rencontre. Je n'ai d'ailleurs pas eu besoin d'aller jusqu'à Z. Une demi-heure plus tard, elle sonne à ma porte, j'ouvre. Elle est restée lovée près de moi vingt-quatre ou quarante-huit heures. Un mois après elle s'installait rue Bonaparte, trois mois après elle était enceinte, deux ans plus tard je la quittais.

Depuis, elle a tellement initié de procédures que nous avons enrichi les avocats, fait perdre leur temps aux juges aux affaires familiales et privé Jean d'une enfance normale.

J'avais donné la vie à un petit homme, sans amour ! Après avoir été moi-même le fruit d'un couple qui ne s'était jamais aimé, je répétais le même schéma. Élisabeth me répétait souvent : « Je pense qu'on va se séparer un jour, mais toi, visiblement, tu en es sûr ! » Je ne répondais pas.

*

Ma rupture avec Élisabeth a coïncidé avec la disparition de mon ami Claude Berri, le 12 janvier 2009 : trois années qui m'ont laissé un être précieux, l'homme de ma vie, Jean.

Dix jours plus tôt, nous avions fêté Noël chez Claude, près d'Avignon, d'où il regrettait de ne pas voir la mer. Il gardait des séquelles de son premier AVC. Et il venait d'en subir un second, massif. Nous nous sommes précipités à l'hôpital. Claude était en réanimation.

Jour de mort et de rupture : un palier important dans ma vie. Tout à coup, je n'avais plus envie de composer avec les personnes fausses, avec ces gens qui ressemblent aux consommateurs des cafés Costes : des figurants.

Je suis rentré chez moi, je me suis rasé, j'ai pris une douche. J'ai pensé à celle qui me donnait la force de vivre : ma grand-mère.

*

Six mois plus tard, le destin continuait de s'acharner sur moi. 2009 ne serait assurément pas mon année.

La règle à la télévision, tant qu'une émission marche, c'est-à-dire tant qu'elle rencontre son public, est qu'elle continue d'être programmée. Mais parfois, les principes connaissent des exceptions… Une histoire de « globes » et soudain tout vacille, tout déraille et tout se met à tourner dans le mauvais sens. L'équipe de Carolis-Duhamel décide de cesser les directs et m'impose d'enregistrer les émissions.

Il m'est arrivé, c'est vrai, de développer parfois un humour potache. Je suis né avec. On peut porter un costume, des lunettes, faire sérieux et pourtant ne pas se prendre au sérieux. Je revendique ce droit à la légèreté, dans la mesure où jamais elle n'a été teintée de méchanceté.

« Ça se discute » est une émission qui cartonne. Tous les mardis, je réunis en moyenne 2,5 millions de téléspectateurs, soit 16,6 % de part d'audience en seconde partie de soirée, pendant quinze ans. Elle est considérée par tous comme un énorme succès. Le mardi est vraiment ma journée fétiche. Avec « Toute une histoire », les deux émissions confondues, j'invite en tout près de quatre millions de personnes sur la chaîne du service public !

Fini le direct pour une émission qui cartonne. Du jamais vu dans l'histoire de la télévision, et c'est pourtant mon histoire ! Que me reproches-tu, Patrick ? Je ne le sais pas ; le sais-tu toi-même ? Il est vrai que les directs coûtent plus cher que les émissions enregistrées. Avant d'être une bonne émission, « Ça se discute » était avant tout une bonne affaire, comme disait Michel Drucker. Au-delà, il me semble qu'il s'agit aussi d'une histoire de pouvoir.

Pour un homme de télévision, rien ne remplace le public. J'ai toujours préféré la reconnaissance et l'amour du public au pouvoir. *Idem* pour « Réunion de famille ». Quelle est la vraie raison de l'arrêt de l'émission ? Le manque d'audience ? Les dernières versions de cette émission ont intéressé 1,2 million de personnes. La vraie raison porte un nom. Elle s'appelle « cancer en phase 4 », normal qu'elle s'arrête donc ! Il ne faut donc pas croire tout ce qui se publie dans les journaux. Il y a aussi de fausses informations sous la plume de certains journalistes très sérieux…

Je connais beaucoup de monde à la télé et à la radio, mais peu sont mes intimes. J'ai eu des histoires d'amitié fortes ; certaines durent encore aujourd'hui. J'aime les histoires qui se développent dans le temps et se bonifient comme le bon vin. Arnaud est l'une de ces rares personnes.

*

Je me demande, selon les moments de la vie, parfois, souvent ou toujours : pourquoi ça ne dure pas toute la vie avec chaque fille que je rencontre ?

Parce que, probablement, j'ai été aimé à 100 %. On n'est jamais trop aimé, parfois mal aimé. Mais ma grand-mère m'a aimé à 100 %, sang pour sang. Pour que je trouve une femme qui me corresponde, la barre est haute ! Et pourtant, grand-mère ne mesurait que 1,56 mètre.

Dans cette vie, longtemps je n'ai su que mal aimer ou ne pas aimer.

Un grand-parent peut suffire à remettre un enfant dans le sens de la vie. À réparer ce qu'il a lui-même raté une génération plus tôt. Ma grand-mère est la seule à m'avoir offert un amour inconditionnel. Et une seule petite personne peut suffire à faire d'un enfant un adulte heureux, prêt à affronter les méchancetés de la vie. J'ai partagé avec ma grand-mère des secrets, des voyages, d'adorables complicités.

Les nombreuses femmes que j'ai connues ne m'ont rien apporté de tel.

*

Aujourd'hui, je suis éloigné de mes parents. En tant que père, je n'ai pas besoin de leur assistance. Mon père adore mon fils, mais il voudrait devenir pour lui le père qu'il n'a jamais été – au point de souhaiter que Jean l'appelle « Daddy ». Pendant un an, avec l'accord d'Élisabeth, il a pris mon fils pour l'emmener en promenade – chose dont je n'étais même pas informé !

Un jour, mon père m'a dit qu'Élisabeth lui avait demandé de témoigner contre moi. De sorte que j'ai été obligé de demander à mes parents de rédiger une attestation en ma faveur. Il ne s'agissait pas de me couvrir d'éloges, seulement de signaler au juge aux affaires familiales que j'étais un bon père – tout au moins que je n'étais pas le mauvais père qu'Élisabeth tentait de décrire.

Je crois qu'Élisabeth n'a jamais admis que je sois parti. Ses actes m'ont souvent peiné ; je n'ai jamais compris le sentiment de vengeance. Pendant notre vie commune, elle ne cessait de déployer des efforts pour me faire plaisir. J'ai essayé moi aussi de donner une chance à notre relation. Elle m'accueillait souvent avec un bon petit plat, un cadeau impromptu, un mot gentil. Je n'avais rien à lui reprocher. Elle se montrait douce, attentionnée. Ses efforts n'arrivaient pourtant pas à masquer que nous vivions en fait comme deux colocataires ; il nous manquait l'essentiel : l'Amour.

*

Récemment, j'ai organisé un déjeuner familial au Jardin d'acclimatation, un repas informel : mon fils Jean, mon père et sa compagne, ma mère, mon demi-frère. Un magicien torturait des ballons pour en faire des épées pour les garçons, des couronnes pour les filles. Les desserts étaient apportés par Bozo le clown en personne.

Mon fils n'a même pas regardé Bozo. Il préférait dévisager ses grands-parents, ces gens qui ne se parlaient pas. Même si les présentations avaient été faites, malgré sa mémoire prodigieuse, il semblait ne pas se souvenir ou croire que ces personnes puissent être mes parents, que ces deux personnes-là pouvaient représenter ce que je représentais pour mon fils.

D'ailleurs, il m'a soudain demandé :

— Papa, est-ce que tu as un papa et une maman ?

Pour ce qui est de la famille, il est difficile de répondre à mon fils. Cela me rappelle une anecdote.

C'était l'anniversaire de mon frère. Je ne l'ai pas appelé. Je n'ai même pas son numéro. Alors que j'avais envie de lui envoyer un message. La bonne nouvelle, paradoxalement, c'est que ça m'a fait mal d'être dans l'incapacité de joindre mon frère, de ne pas pouvoir lui souhaiter son anniversaire.

J'aurais pu demander son numéro à maman, mais la dernière fois que je lui ai réclamé les coordonnées d'un de mes frères, elle a refusé de me les donner !

Ce à quoi ressemble notre famille, c'est : pas de famille ! Toute cette indifférence… Cette absence de cadeaux. Aussi loin que remontent mes souvenirs, je n'ai jamais reçu de cadeau de mon père.

*

Quant aux parents de la mère de mon fils, je crois qu'ils jouent leur rôle de grands-parents. Jean passe Noël avec eux dans le Périgord. Depuis ma séparation d'avec Élisabeth, je n'ai jamais eu Jean pour Noël. Et quand vous n'avez pas vos enfants auprès de vous à Noël, tout vous semble vide.

Je souhaite à Jean, je souhaite à tous les enfants de connaître une femme telle que ma grand-mère. Je souhaite à mon fils Jean de connaître un jour cet amour absolu qui sait tout absoudre. Ma grand-mère Renée me soutenait toujours, c'est pourquoi je n'ai voulu qu'une seule chose à sa mort : sa canne, symbole de sa présence indéfectible à mes côtés.

Un souvenir me revient : elle enlaçait mes mains dans les siennes, qu'elle avait pourtant petites, et y déposait des petits baisers… Quel trouble, le jour où Anissa a eu ce même geste.

Moi, ma grand-mère m'a donné la vie jusqu'à sa mort. Heureusement, un jour, j'ai croisé la route d'une autre femme qui m'a initié à la vie.

Mon fils, sa mère et moi

Je n'ai jamais eu le sentiment que je faisais, pleinement, partie d'une famille. Élisabeth, elle, en avait une. Avec ses parents et son frère, ils formaient une famille unie, soudée et aimante. Après avoir écouté tant de personnes au cours de mes différentes émissions, j'ai entendu que les familles dysfonctionnelles sont légion. Rares sont celles qui permettent de grandir, de s'épanouir et de rendre naturel et évident de passer du statut d'enfant à celui de parent.

J'ai beaucoup couru et je n'ai pas reçu le passage de témoin ; je courais dans la mauvaise course, certainement.

Des années de relations avec mes successives compagnes ne m'ont pas conduit sur le chemin de la paternité. En moins de trois mois, Élisabeth a décidé de devenir mère.

J'ai appris à devenir père. Il m'a fallu intégrer rapidement que je deviendrais responsable à vie d'un enfant, pour la première fois à quarante-deux ans !

Mon éducation ne m'y avait pas préparé. Quarante-deux ans, je pensais que ce n'était pas tout jeune pour commencer une carrière de papa. Mais j'ai vite compris que j'avais hâte d'accueillir cet enfant qui s'annonçait. Je voulais être père. Je craignais une chose : aurais-je la possibilité d'offrir une famille à cet enfant ?

La suite des événements a montré que j'avais raison d'avoir peur. Élisabeth et moi n'élèverons pas Jean ensemble. Notre couple s'est délité alors qu'il avait deux ans et deux mois.

Jean, tu n'as pas grandi dans une famille unie, portée par un couple uni. Pourtant, sache que tu es aimé, profondément aimé par ta maman et ton papa.

*

Jean me manque, mon fils me manque. Mon père m'a dit un jour au téléphone : « Ton fils va bien. » Je lui ai répondu que je ne le savais pas, puisque que malgré moi je ne pouvais pas le voir.

Il m'a répondu que ce n'était pas une question. Toujours cette pointe de mépris quand il me parle… Il le voit, lui, plusieurs fois par mois. Je suis heureux pour mon fils. Il voit au moins un membre de ma famille ! C'est une situation difficile à vivre quand il se passe des choses pas agréables dans mon dos : en l'occurrence, mon père a renoué avec Élisabeth, celle qui m'empêche d'être moi-même le père que je veux être pour mon fils depuis notre séparation !

*

Ma reconstruction commence. Je redeviendrai le mec bien que je suis. Je veux être un bon père pour Jean, un bon mari pour celle que j'ai au cœur, Anissa, un bon ami, un bon professionnel.

Certes, j'ai déjà quarante-six ans. En même temps, je n'ai que quarante-six ans.

C'est mon tour d'avoir Jean. Je suis allé le chercher chez sa mère. C'était formidable de le trouver en train de m'attendre à la porte. Il était heureux. Il a trouvé que ma voiture était jolie – avec un toit carré, pas comme la voiture de Belle-Île dont le toit est rond.

Dîner en famille. À minuit, j'ai souhaité la bonne année à ma chérie Anissa. Elle a adoré ma façon de le lui dire. Ensuite, nous avons parlé mariage. Je suis tellement heureux.

*

J'aime m'occuper de mon fils. Le week-end, je fais des activités avec lui. Je l'emmène au Jardin d'acclimatation, au parc Astérix. En ce moment, il a la passion des toupies. On fait aussi des dessins. On déjeune et on dîne ensemble, à la maison ou dehors, on partage des jeux et des câlins. Je le sens bien.

Sa mère refuse de comprendre qu'il est bien avec moi, que dans le respect des rôles de chacun nous avons reconstitué une famille, notre famille recomposée avec Jean, Anissa et moi.

Je ne passe pas suffisamment de temps avec Jean, pourtant ; je travaille toujours trop. Je reprends une émission à la télé qui, ironiquement, s'appelle « Réunion de famille ». Élisabeth me fait des reproches constamment. Si seulement nous pouvions, elle et moi, retrouver le chemin du respect mutuel.

Après tout, je suis sorti de mes problèmes d'addiction depuis bientôt dix mois. J'ai parcouru la France pour aller rencontrer des lycéens et leurs parents ; si je les ai mis en garde, c'est que je crois en la force du témoignage. Du reste, beaucoup de gens m'assurent que le message passe.

En ce qui me concerne, je dis toujours à mon fils du bien de sa maman. Je suis content pour lui quand il me raconte leurs vacances aux Seychelles ou à Saint-Tropez. En revanche, je ne sais trop que lui répondre quand il me demande pourquoi je ne l'emmène plus en vacances à Belle-Île ou au ski. Hélas, il m'est interdit de le faire.

Parce que je trouve que le sport est bon pour son équilibre, je lui ai offert une année de cours de tennis au Country Club. Déception ! Sa maman ne l'y a jamais emmené…

Je voudrais être un papa présent, pas un homme dont on se méfie à tout propos. Pourtant, n'a-t-elle pas voulu que je sois le père de son enfant… trois mois seulement après notre relation ? Quand nous vivions tous ensemble, j'étais exempt de tout reproche, au point qu'elle aurait souhaité faire un deuxième enfant… avec moi !

J'ai en mémoire cette journée, inoubliable pour moi, du 1/1/11. Quatre « 1 », pour quatre premières fois. Ma première fois à Disney, ma main gauche dans celle de Jean, la droite dans celle d'Anissa. Première journée que je passe avec toute la famille d'Anissa, nous nous retrouvons à dix : une vraie famille. Première fois que j'organise moi-même une journée aussi élaborée, avec minibus, repas midi et soir. Jeux achetés pour les quatre enfants : il flotte une douce ambiance de colonie de vacances, j'adore ça.

J'aime voir mon fils changer, s'épanouir au contact d'autres enfants. Je le vois discuter, échanger. Il a ses propres avis, ses goûts. Ça m'émeut merveilleusement de voir mon petit garçon vivre et grandir.

Je me sens tout neuf, pour la première fois je fais ce que je dis sur toute une journée, aussi bien construite à l'avance. Je fais ce que je dis, je dis ce que je fais. Je suis bien. Je me sens un papa fiable et de moins en moins faible.

Je lui offre de plus en plus d'équilibre et une famille dans laquelle il trouve des repères supplémentaires. À la fin de la journée, il a dit : « Au revoir, les cousins », tout heureux de cette journée à dix.

*

Un déclic s'est passé. Je me tiens à nouveau debout, plus besoin de béquilles, ni au propre ni au figuré. Grand-mère, tu serais fière de me voir sur mes deux pieds. J'ai envie d'avancer, tranquillement mais sûrement. *Qui va piano, va sano, va lontano.*

Dans un mois, ma vie va basculer ; le « *lontano* » est un peu compromis. Dans un mois, je vais apprendre à conjuguer avec le pluriel de mes cellules qui se développent à l'infini. J'ai un cancer, un cancer grave et je ne vais pas tarder à le savoir, scientifiquement, médicalement.

Je rentre dans une période particulière. Les soins. Je me familiarise avec un nouveau vocabulaire.

La médecine réserve parfois des surprises, de bonnes surprises. On m'avait parlé de trois semaines de soins, plus trois de convalescence. Ce qui compromettait les vacances de Noël, puisque j'aurais dû avoir Jean du 26 décembre au 3 janvier.

On m'apprend maintenant que je vais pouvoir sortir le 1er décembre ! C'est une bonne nouvelle.

J'en ai aussitôt informé Élisabeth, pour qu'on revienne au programme initial. Mais elle me répond qu'elle part à l'île Maurice avec lui. C'est surprenant. Un tel voyage était forcément prévu de longue date : on ne part pas en vacances à l'autre bout du monde comme on va passer le week-end dans le Périgord ! Or je n'en étais même pas informé. C'est frustrant. Surtout que je n'ai pas vu mon fils depuis un mois. Je l'ai dit à Élisabeth au téléphone. Elle me répond que Jean sera déçu s'il ne va pas à l'île Maurice. Je pense, moi, qu'il risque plutôt d'être déçu de ne pas voir son papa. D'autant que j'ai envie de le rassurer sur ma santé, de le serrer dans mes bras, de reprendre mes discussions avec lui…

Le procès en appel a été justement suspendu pour que nous puissions trouver des accords amiables, dans l'intérêt de l'enfant. Je pensais que la relation entre sa mère et moi s'était améliorée. Moi, j'accepte volontiers de m'organiser pour avoir Jean à la maison quand elle est prise par son travail. De toute façon, c'est un plaisir pour moi de l'accompagner à l'école. Et Élisabeth, qui est tellement sourcilleuse sur la ponctualité quand il s'agit de Jean, n'hésite pas à l'emmener en voyage en pleine période scolaire. Et à me mettre devant le fait accompli, en plus. Alors que je suis à l'hôpital avec un problème grave.

Je ne sais même pas avec exactitude la date de leur retour. Alors que j'aurais souhaité passer du temps avec mon fils, après. J'aurais voulu qu'il dorme à la maison le 11 décembre, pouvoir l'emmener à l'école le 12. Tout se passe comme si j'étais un papa à l'emporte-pièce à qui l'on accorde quelques heures pour voir son fils entre deux avions, et qui n'a le droit que de se taire.

J'espère du moins qu'elle aura la décence de me laisser Jean le week-end suivant. Un mois de séparation, c'est trop long, pour lui comme pour moi.

*

Je n'ai pas pu avoir Jean pour la semaine de Noël. C'est chaque fois pareil : Noël chez sa maman, et moi le jour de l'an ! Et si c'était mon dernier Noël ?

Je lui ai fait part de ma volonté d'épouser Anissa. Nous sommes dans les essayages, moi de mon costume de mariage, elle de sa robe de mariée. Notre bonheur, malheureusement, n'est pas contagieux.

Élisabeth prétend que mon mariage risque de perturber Jean, qu'un enfant n'est jamais heureux de voir son père se marier avec une autre femme que sa mère. Jean connaît Anissa depuis qu'il a deux ans et demi ! Et je suis séparé de sa mère depuis trois ans ! Il n'a aucun souvenir de ses parents ensemble. Souvent, il me demande :

— Maman, avant, c'était ton amoureuse ?

Je ne sais lui répondre. Comment devient-on étranger à ceux avec qui nous avons, un moment, partagé une intimité ? Ce lien me paraît tellement lointain, tellement irréel… Ma vie est ailleurs. Mon désir est simple : je veux terminer la maison de Belle-Île pour y organiser notre mariage, à Anissa et moi. Et je veux que mon fils soit présent pour voir son papa heureux.

*

Jean est venu à Belle-Île avec mon père. Jean a assisté au mariage de son père. Il a fallu que je me batte pour qu'il soit présent à cet événement familial. Que je me batte, que j'obtienne un référé, que je me déplace au tribunal… entre deux chimiothérapies. Certes, je suis d'un tempérament combatif, mais j'aurais beaucoup apprécié que l'on me permette d'économiser mon énergie. J'aurais aimé aussi qu'au moment où nous nous sommes croisés au palais de justice, la maman de Jean me demande des nouvelles de mon traitement, qu'elle s'inquiète tout simplement pour la santé du papa de son fils. Mais jusqu'à quand devrai-je expier le fait de l'avoir quittée ?

Il est des moments où il faut savoir effacer les ardoises, remettre les compteurs à zéro et se positionner dans la bienveillance et la compassion.

Élisabeth ne lâche pas prise. Elle doit aimer enrichir son avocat, comme j'ai enrichi mon psy. Je pense, en fin de compte, que le bénéfice n'est pas le même. J'ai grandi, j'ai mûri, je me suis enrichi de mes expériences ; je sens que je deviens de plus en plus tolérant. Élisabeth se crispe sur le matériel. N'a-t-elle pas demandé une provision de 2,5 millions d'euros et 13 500 euros de pension alimentaire par mois (soit presque dix fois le Smic) pour un enfant qui, à l'époque de la procédure, en décembre 2009, avait trois ans ! Il ne faut pas confondre l'intérêt sacré de l'enfant avec d'autres considérations que je préfère ne pas qualifier. Comme ce jour où, parce que Jean avait perdu son bonnet au parc en jouant avec moi, j'ai reçu le lendemain une enveloppe avec un simple ticket de caisse. Que devais-je comprendre ? Que je devais rembourser le prix du bonnet ? Ce rapport à l'argent me sidère.

J'aimerais que Jean se souvienne du mariage comme d'un jour de fête, une fête solennelle, mais une fête à la vie et à l'espérance.

Jean, j'aimerais que tu te dises que je t'ai passé le témoin, pour qu'un jour tu te sentes le droit d'être un homme. Je te livre mon chemin de vie, pour qu'un jour tu puisses y puiser toutes les ressources pour devenir un homme. Les écrits restent ; tu pourras lire, relire à ta guise et, selon ton envie, demander à ceux qui m'ont vraiment connu (il y en a très peu) de te livrer leur part de moi.

Moi, je garde de toi tes éclats de rire. Tu n'imagines pas à quel point je vis de te savoir vivant et profitant de chaque seconde. J'ai encore sur la peau la trace de tes câlins et dans les narines l'odeur de ton doudou ; celui que tu m'as prêté quand je me suis reposé.

Jean, je suis malade, très malade. Je ne suis pas fainéant. Contrairement à ce que dit ta maman, je ne suis pas « une grosse feignasse » et encore moins indifférent à toi. Je pense qu'elle ignore la réalité de ce qu'est un cancer. J'ai pensé qu'il valait mieux que tu ne me voies pas à certains moments de mon traitement. Je veux que tu saches que je me suis battu pour te voir. Je te montrerai quand tu seras grand les documents juridiques qui prouvent que j'ai toujours voulu tenir ma responsabilité de père. J'espère que la maladie ne se mettra pas elle aussi entre nous. Je préférais attendre d'avoir plus de force. J'en ai retrouvé, de la force. C'est pourquoi je me marie. Je me marie parce que je suis certain que je vais guérir. Je suis certain que tu seras bientôt le grand frère de ta petite sœur ou de ton petit frère. J'ai déjà un beau garçon, je rêve d'une belle petite fille.

Je voudrais que tu puisses grandir paisiblement.

Élisabeth me refuse mon rôle de père. Décidément, quoi que je fasse, je le fais mal. Même malade, je ne suis pas fréquentable. Je suis un père qui ne commet que des impairs. Mais je suis un père qui gagne à être vraiment connu, tu vas voir. Tu vas te faire toi-même ton opinion de petit homme et de petit d'homme.

Mon grand amour

Le cœur a ses raisons…

Le cœur a ses propres logiques et obéit à des urgences qui nous dépassent. Comme beaucoup de personnes, j'en ai fait l'expérience. Je pense même que j'ai eu la chance d'en faire l'expérience ; quand on se regarde au fond des yeux, on peut se dire que l'on a aimé, que l'on a été aimé. La formule est connue, elle n'est pas de moi ; mais je la ressens si intimement que je me permets cette appropriation.

L'amour donne tout son sens à la vie, je le sais et je suis heureux de penser que certains d'entre nous avons eu le privilège d'ouvrir ce cadeau de la vie.

Au moment de ma rencontre avec Anissa, je suis malheureux en tant qu'homme. Je vis au quotidien des tiraillements et des doutes. Je vis au quotidien cette séparation du cœur et de l'esprit.

Ma tête ne me commande pas d'aller là où mon cœur me pousse. Je suis déchiré. J'ai un merveilleux petit garçon, mais je n'ai pas réussi à fonder une famille. La famille, je le comprends maintenant, se fonde avant tout sur un couple ; un couple qui, chaque jour, décide à nouveau de cheminer ensemble.

Je vois clairement, depuis quelques mois, qu'il n'y a pas d'autre issue que la séparation d'avec ma compagne Élisabeth, la maman de Jean, mon fils. Nous ne sommes pas un couple, au sens où j'ai désormais envie de faire l'expérience d'un amour inconditionnel avec une femme, une femme qui ne serait pas ma grand-mère.

Ce constat résonne durement en moi ; c'est un échec. Un échec pour moi, je m'en accommoderais. Mais mon fils, mon tout petit garçon, va devoir grandir et vivre avec cette blessure.

Je prends la décision et je l'assume : je quitte Élisabeth.

Ce qui me console, c'est que Jean n'a que deux ans et demi. Je me dis qu'il n'aura pas de souvenirs des jours entre une maman et un papa ; modèle rêvé et souvent illusoire de la famille idéale. Je me raccroche à l'idée que Jean a deux parents qui l'aiment et qui auront deux vies distinctes.

Mais je me rassure : j'ai Jean pour toute la vie, et peut-être un jour je donnerai vie à une petite fille, une petite sœur. Le fantasme de la famille me hante. J'ai peur de ne pas être à la hauteur.

Je décide d'être en cohérence avec moi, d'être fidèle à ma propre ligne de conduite. Les séparations ne sont pas toujours tristes. Je vis ce moment comme une nouvelle étape, un palier à franchir pour aller là où je dois. Sur la route qui me correspond intimement. Et cela me remplit d'espérance.

Je n'ai plus de femme dans ma vie, mais j'ai un petit homme, mon fils. Pour lui, je veux de la sécurité. Naturellement, comme tous les pères heureux de l'être, je veux que mon fils vive confortablement et je veux être disponible pour lui. Je veux l'entendre m'appeler « papa », je veux l'éduquer, lui donner l'amour de la vie. Je gère l'aspect matériel ; il ne manquera de rien. Je trouve un appartement dans le même arrondissement pour le voir au maximum. Je le vois, mais pas assez souvent. Pas autant que la loi pourtant m'y autorise. Les pères et les mères ne sont pas véritablement égaux en matière de garde d'enfants. Si je voulais plagier Orwell, je pourrais écrire que certains sont plus égaux que d'autres…

Je me remémore ce qu'avait dit un jour un invité sur le plateau: «L'amour n'est pas seulement une question de personnes, c'est aussi est une question de bons moments, les choses arrivent à l'heure.»

L'heure a sonné, je suis prêt pour l'amour. Je suis un père et je veux désormais être l'homme d'une femme. À ce moment précis, je sais que c'est le bon moment pour moi de vivre l'amour avec Anissa.

*

J'ai rencontré Anissa au printemps 2008. À Beaubourg. Exposition Louise Bourgeois. J'ai toujours été impressionné par la liberté qui se dégage de son univers. Enfantine, résolument libre. Louise Bourgeois incarne pour moi ce mélange subtil de fidélité à soi-même et de liberté qui parfois isole. Ces thématiques étaient précisément au cœur de mes interrogations.

Les images de ma rencontre avec Anissa sont restées gravées dans ma mémoire.

Je fais partie d'un groupe d'une dizaine de personnes. Nous suivons la conférencière. Anissa arrive avec une amie, en retard. Au moment où je m'apprête à poser une question sur une œuvre, je croise son regard. Je deviens quasiment mutique, moi pour qui parler est une évidence. Il me faut une dizaine de secondes avant de pouvoir articuler un mot. J'étais troublé, ce visage m'était familier. Bien évidemment, je repense à ces vers : « Je fais souvent ce rêve étrange et pénétrant, d'une femme inconnue, et que j'aime, et qui m'aime… »

J'étais certain d'avoir déjà croisé ce regard. Je regarde cette femme qui se tient devant moi, je ne vois qu'elle. Je la trouve racée et mystérieuse. Elle dégage cette froideur qui réchauffe, le feu sous la glace. Je suis troublé, je balbutie. Je ne sais pas comment l'approcher, lui demander si nous nous sommes déjà croisés. Je redeviens un adolescent maladroit. Mais l'homme que je suis sait qu'il ne faut pas laisser passer cette chance. Je prends mon courage à deux mains et je me plante face à elle ; je mets un temps qui me semble infini à trouver mes mots.

Son regard sur moi m'a paru distant. Je lui propose de l'inviter à boire un café à la fin de cette exposition, pour pouvoir échanger, partager nos émotions. Elle me répond en souriant qu'elle n'aime pas le café. Belle entrée en matière. Je lui demande son numéro de téléphone : elle vient de changer de numéro et ne le connaît pas par cœur. Moi non plus, je n'ai jamais retenu aucun de mes numéros ! Je lui demande de m'appeler pour que son numéro s'affiche, elle me sourit de nouveau et me dit qu'elle n'a plus de batterie. La tâche n'est pas facile. La difficulté de la situation me donne envie de la découvrir et de la connaître. J'aime sa façon d'être inaccessible, sa manière de ne pas être dupe de ce que je suis. Sa réserve me pousse dans mes retranchements ; il me faut trouver rapidement la meilleure façon d'entrer en contact avec elle. Je me hasarde à demander l'aide de son amie.

Je bénis cette jeune fille; c'est elle qui me donna ce jour le numéro de téléphone de celle qui deviendra ma femme.

*

Je venais de quitter Élisabeth.

À cette époque, Anissa non plus n'était pas libre. Nous étions dans la même situation.

Nous ressentions tous les deux le même sentiment de vouloir nous connaître. Une attirance simple, l'attirance banale, pourtant exceptionnelle quand on la vit, d'un homme et d'une femme qui croient en la promesse d'un partage, d'un échange. Tout cela échappe à la logique, c'est chimique, alchimique.

Anxieux, intimidé, je lui propose de m'accompagner au musée du quai Branly à une exposition sur les arts premiers. Sa réponse est lapidaire: elle n'est pas disponible. J'enrage, mais j'ai le contact, le numéro de son amie.

À peine rentré, j'appelle la précieuse amie qui accepte de me donner le numéro d'Anissa. Je l'appelle dans la foulée, sans réfléchir, le cœur battant.

Je lui propose maladroitement de venir la chercher pour passer la soirée ensemble. Anissa refuse sèchement mes avances. Durant plusieurs jours, et en dépit de mes appels quotidiens, elle me repousse. Je vais devoir l'apprivoiser. L'approche est lente, nous conversons pendant des semaines. Enfin, elle accepte un dîner.

Je demande à Anissa de venir me chercher sur le plateau de «Toute une histoire».

Je voulais qu'elle me voie dans mon univers, peut-être ai-je voulu un peu l'impressionner…

Les tournages ont pris beaucoup de retard, l'attente risque d'être plus longue que prévu. Je demande à ma collaboratrice de l'installer dans le public ; je voulais revoir son visage et l'avoir tout près de moi, pour pouvoir déjà un peu m'imaginer avec elle. Comme un gamin trop heureux, je me lâche un peu trop et je décide de la taquiner en public. Je lui demande son nom, son âge (que je ne connaissais pas) et sa réaction sur le thème de l'émission : « Mon homme refuse de faire un enfant avec moi. » Le Jean-Luc animateur me submerge, je lui demande, non sans arrière-pensées, si elle concevrait de rester avec un homme qui refuserait de faire un enfant avec elle. Elle me répond qu'elle ne voit aucun intérêt à rester avec un homme sans construire de famille. *One point !* J'aime les enfants et, moi non plus, je n'imagine pas de vivre avec une femme qui ne souhaite pas d'enfants.

Nous partons enfin dîner.

Je suis mal à l'aise, Anissa n'est pas venue seule ; elle est avec sa sœur. Épuisé par les heures interminables d'enregistrement, je suis surexcité, je parle trop, je ris trop. Je « surjoue » l'homme qui assure en toutes circonstances. J'occupe tout l'espace, jusqu'au moment où je sens le pied d'Anissa se frotter au mien. Je me sens pousser des ailes, ce contact me rassure, je me dis que je lui plais ; tout se calme en moi.

Prétextant un appel téléphonique, elle sort de table. J'interprète ce mouvement comme une invitation à la suivre. Je la rejoins dans le jardin. Elle sursaute en me voyant. Je lui exprime le plaisir que j'ai ressenti à notre rapprochement. Elle me regarde interloquée, et la réponse tombe : « J'ai seulement étendu mes jambes ankylosées. » Je suis tellement envoûté par elle que je veux interpréter ses moindres gestes comme une avance.

Nous terminons la soirée sur ce petit malentendu.

*

Trois jours plus tard, je reprends ma parade amoureuse. Je l'invite à un dîner en tête à tête. Elle vient me chercher en voiture, mais elle refuse de monter chez moi ; elle préfère m'attendre en bas. Je me sens comme un adolescent à son premier rendez-vous ! Je me change quatre fois, je me recoiffe, vérifie le moindre détail, à tel point que je descends avec trente minutes de retard. Ces moments, quand j'y repense, me remplissent de bonheur.

Nous avons tous vécu ces instants où nous pensons que nous jouons une partie importante de notre vie. Nous passons par toutes les phases de la passion, de l'enthousiasme le plus débridé à l'abattement le plus complet ; avec ces questions en arrière-plan : vais-je plaire, vais-je être aimé pour moi-même, vais-je être à la hauteur ?

Ce volcan dans ma tête me fait perdre la notion du temps et de la ponctualité : sa voiture clignote de toutes parts. Elle encombre ma petite rue et gêne la circulation. Certes, pendant mon long temps de préparation, j'ai bien reçu un SMS (ironique) me demandant si je l'avais invitée « pour dîner où pour le petit déjeuner ? ».

Pour me faire pardonner, je lui offre un livre de Sophie Calle. L'accueil d'Anissa est glacial. Elle démarre sans même me regarder. Un caractère de feu, Anissa ! Je comprends qu'avec elle il faudra y aller en douceur et que mon statut de star de la télé ne m'offre aucune circonstance atténuante, bien au contraire !

Elle se détend au fur et à mesure du dîner. Nous évoquons nos vies, nos projets, notre vision du couple… Nous faisons connaissance. Ce dîner sera suivi de nuits mémorables que nous passons séparés, au téléphone. Des conversations que nous n'arrivons pas à interrompre avant le lever du jour. Je lui propose de visiter le Louvre. Elle accepte, non sans savoir que j'habite en face de ce merveilleux musée.

Après la visite, nous rentrons à pied. Et pour la première fois, elle ne fait pas sa Cendrillon en me quittant précipitamment vers minuit. Elle accepte de rester chez moi, ce chez moi que je ne veux plus considérer que comme notre chez nous.

Nous commençons alors notre belle histoire d'amour.

*

Je suis heureux. J'ai envie de partager ce bonheur. J'accueille un de mes chers amis à la maison. Il a des obligations personnelles et professionnelles qui l'obligent à séjourner à Paris. Je ne pense pas une seconde que cela peut nuire à mon début de relation avec Anissa. Pourtant, je sais d'expérience que le couple exige par définition le duo. À trois, il y a toujours quelqu'un qui est de trop. Je ne veux pas voir cette évidence. J'aime être entouré de ceux que j'aime.

Anissa vit mal ce qu'elle considère, à juste titre, comme une intrusion dans notre intimité. Je dois dire que l'arrivée de cet ami me replonge dans mes démons, l'alcool notamment : addiction que je partageais avec lui, entre autres. Nous buvions ensemble, beaucoup, beaucoup trop.

En femme amoureuse, Anissa ne supportait pas ces soirées d'excès. Elle tenait à me faire prendre conscience de ma fragilité, de mes faiblesses : cet ami exerçait un pouvoir et une influence destructrice sur moi. Avec l'alcool, nous nous retrouvions à quatre, là où je n'avais envie que d'être deux.

Je me laisse pourtant aller à mes penchants destructeurs. Je deviens aveugle et sourd aux appels et aux avertissements d'Anissa, pour qui cette vie n'a pas de sens. Je la déçois… déjà, et je me déteste de ne pas être capable de vivre le bonheur avec elle.

Dans mes moments de lucidité, je l'emmène en voyage. Nous quittons la rue Bonaparte, où s'est installé cet ami que je n'arrive pas à déloger, et nous partons loin des odeurs délétères d'alcool et de perdition. Je veux lui montrer les lieux que j'aime. Je veux lui prouver que j'ai autre chose à lui offrir que les tristes spectacles que je lui ai infligés.

Moi aussi, j'aime la vie, moi aussi, je peux me séparer des parasites qui me tirent vers l'abîme.

Je veux fuir cette vie et nous partons ensemble : les Philippines, Bali, la Jamaïque, Capri, New York. Le monde nous offre ses splendeurs. Nous rencontrons des personnes nouvelles, des gens qui ne savent pas qui je suis et qui, à vrai dire, y sont totalement indifférents. J'ai le sentiment de vivre. Je renoue avec les sensations simples, élémentaires : de l'eau, de l'air… Oui, j'ai besoin de souffler, de respirer.

*

J'emmène Anissa dans mon petit paradis.

Belle-Île. Depuis des années, j'y construis ma vraie maison. Elle est le lieu qui compte le plus à mes yeux. Comme toutes les choses essentielles à ma vie, j'ai dû être patient pour l'obtenir. Les démarches administratives ont été longues, le bonheur d'y être désormais chez moi n'en est que plus fort. Je crois que nous appartenons à certains lieux, ils ne nous appartiennent pas. Le sentiment que je ressens quand je suis dans cette maison me dépasse. Je me sens complet, entier. Cette maison me nourrit, m'apaise et me donne envie de donner le meilleur de moi-même. J'écris, j'écris des heures, dans mes carnets, dans mes cahiers, partout où je peux poser des mots. Moi qui ai tant écouté, je ne peux pas parler ; je peux seulement écrire. Je sens que seuls les écrits restent…

Anissa et moi vivons intensément ces moments de bonheur ; moments volés au cloaque qu'était devenu la rue Bonaparte. L'alcool, l'odeur des cigares et toutes les autres substances nocives me rattrapent à nouveau quand je suis à Paris. Je suis spectateur de ma vie. Je sais pourtant que je peux quitter cette vie d'excès.

Quand je suis seul avec Anissa, nous menons une vie calme et saine. Elle revient à la charge. Elle me montre tout ce à côté de quoi je passe, tous ces plaisirs simples de la vie.

La rue Bonaparte est pleine de monde, des gens qui m'emprisonnent et me poussent, au nom de l'amitié, à vivre en éternels adolescents déstructurés et en crise contre l'ordre établi.

Je ne me sens plus chez moi, un déclic s'est produit. Je veux mettre un terme définitif à cette vie stérile. Je veux vivre mon histoire avec Anissa, simplement, au quotidien. Je lutte, je fais le ménage dans mes faux amis. Pourtant, irrémédiablement, ils reviennent.

Un matin, Anissa part. Elle me quitte. Elle quitte la rue Bonaparte. Elle quitte la France et part vivre à New York. Sans une larme, sans même un reproche ; elle me laisse face à moi. Je sais que notre histoire n'est pas terminée. Pourtant, j'ai dans la gorge une boule qui m'empêche de respirer. J'ai dans la bouche un goût acre et amer ; celui de l'échec.

Elle laisse un vide immense quand elle s'en va. Je ne savais même pas que je pouvais aimer aussi fort. Je ne savais pas que l'amour pour elle, en moi, dormait depuis toujours.

Cette séparation me fait l'effet d'un électrochoc. J'ai une peur panique de passer à côté du bonheur. Je fuis. Parfois, je tente de me poser, de réfléchir sur le sens de ma vie. Et puis, je me laisse de nouveau emporter.

*

Parfois, la vie nous montre des chemins et les efface alors que nous entamons tout juste notre marche.

Mon cœur est en cohérence avec ma tête ; j'ai rencontré celle qui, dans mon cœur, est déjà ma femme. Curieuse cruauté du bonheur agité sous nos yeux et qui se dérobe… Je pensais être prêt, mais mon mode de vie ne laissait pas de place à la sincérité et à la simplicité. Trop de monde autour de moi, trop d'ombres… Je savais qu'il me faudrait d'abord combattre mes démons. Faire place nette.

Anissa partie, je me replonge dans le travail. Je rencontre Inès Sastre lors d'un rendez-vous professionnel avec son agent, pour la production d'une série de documentaires sur les étrangères qui ont choisi la France. J'ai dans le cœur cette Française qui a choisi de vivre à l'étranger et vient de me quitter. Ce parallèle me trouble. J'essaie de trouver du réconfort avec Inès, surtout ne pas rester seul.

Brune méditerranéenne, un grain de beauté près des lèvres, je me rapproche d'Inès très vite ; certaines ressemblances me poussent vers elle. À la maturité, je sais que j'aime les brunes.

Nous sommes tous deux célibataires autonomes, nous vivons chacun de son côté. Nous avons chacun un petit garçon. Diego, le fils d'Inès, a trois mois de plus que mon fils Jean. Je développe une relation tendre avec Diego, qui me le rend bien. Avec Inès et les garçons, nous créons un lien fort, mais pas une histoire d'amour. Les sentiments profonds ne sont pas là.

Je pense beaucoup à Anissa, tout le temps, jusqu'à l'obsession.

Je décide de me faire le plus beau cadeau qu'un être humain puisse se faire : je décide d'éliminer tout ce qui me fait souffrir. Je suis prêt à changer de vie. Au moment de son départ, je savais que notre histoire était en suspens, suspendue à ma prise de conscience d'en finir avec toutes les destructions : maintenant, je suis prêt !

Je crois que certaines personnes s'attirent comme des aimants. J'aime ce mot, ceux qui s'aiment vraiment ne peuvent pas passer l'un à côté de l'autre.

*

Huit mois plus tard (presque une gestation), alors que je me dirigeais vers la librairie La Hune, je vois

Anissa, de dos, marcher sur le boulevard Saint-Germain. Je reconnais sa démarche, son chapeau, son profil quand elle regarde rapidement les vitrines des magasins. Elle est au téléphone. J'envie la personne à qui elle parle. Je m'approche, j'entends ce qu'elle dit. Cette voix que j'aurais reconnue entre mille, et ce rire de petite fille… Je pose délicatement ma main sur son épaule et je l'appelle :

— Bonsoir, ma chérie.

Elle se retourne et me sourit. Elle met un terme à sa conversation et raccroche très vite ! Elle prononce mon prénom :

— Ah, Jean-Luc…

Quelques secondes de silence.

— Ça tombe bien, j'ai toujours ton cadeau d'anniversaire de l'année dernière !

Je dépose un baiser sur le coin de ses lèvres, sa timidité refait surface…

Tout comme notre première fois, nous avons passé ensemble cette nuit au téléphone. Nous nous sommes envoyé des dizaines de textos. Nous nous écrivions du bout des doigts les détails de notre passé, caresses sur le clavier et désir de ne pas arrêter, surtout ne pas couper le fil de notre conversation trop longtemps interrompue. Et là, cette évidence, ce sentiment profond que nous étions à nouveau ensemble. Cette proximité que l'éloignement n'avait pas entamée. Cette connaissance de l'autre après l'absence, comme si nous nous étions quittés la veille.

*

Anissa et moi sommes des solitaires. Il nous arrive de passer des soirées complètes sans échanger un mot, absorbés que nous sommes par le livre que nous sommes en train de lire. Et de parler le lendemain, parler sans fin, jusqu'à plus d'heure… Nous nous comprenons d'un regard, d'un silence. Je suis bien avec elle, je suis moi, sans artifices ! On se nourrit l'un de l'autre, elle est ma vie, je suis la sienne. Nous avons l'étrangeté des couples qui ne devaient pas se rencontrer.

Vieillir ensemble, c'est ce que nous voulons. Je nous imagine sur nos fauteuils à bascule, sur la terrasse de la maison de Belle-Île, face à cette vue exceptionnelle… avec notre famille.

Nous décidons de prendre notre temps, d'y aller doucement… Nous nous voyons souvent, mais pas assez à mon goût. Elle préfère prendre son temps, ne pas suivre le même parcours que l'année dernière.

Le lien est là, nous nous revoyons et nous partageons notre vision de la vie. Anissa m'ouvre sa vie. Ancrée dans la réalité, elle connaît les vraies valeurs : la famille, la sincérité et surtout la simplicité et la discrétion. Elle me fait partager son histoire, ses blessures. J'enrage de savoir qu'à l'école on l'appelait Skeletor ! J'imagine les humiliations qu'elle a subies, elles font écho à celles que, moi aussi, j'ai dû surmonter.

Dans les mots que je lui laisse sur la table de chevet, je lui écris qu'elle est comme le cygne qui sait qu'un jour il a été un canard dont tous se moquaient. Je lui répète que ceux-là n'en finissent pas de barboter dans la boue, tandis qu'elle a rejoint les cygnes blancs au cœur blanc.

*

Anissa n'est pas impressionnée par mon métier et encore moins par le milieu que je fréquente. Elle me surnomme «le rescapé du showbiz». Elle me communique sa force et me redonne confiance en moi. Elle m'aide à voir cette partie de moi qui est restée intacte, pure. Je sais que ce mot peut sembler éloigné de ce que j'ai pu vivre. Pourtant, je sais qu'au fond de soi chacun possède cette part d'humanité que personne ne peut nous retirer. Anissa m'aide à me réconcilier avec moi-même en me montrant combien je reste, malgré tout, sincèrement ouvert aux autres.

Elle me dit que, certes, je fais de la télé, mais que j'aurais tout aussi bien être psy et recevoir mes patients en consultation. Nombreux, d'ailleurs, ont été ceux qui m'engageaient dans cette voie très exigeante : il ne suffit pas d'avoir une bonne qualité d'écoute et d'empathie, il faut maîtriser un savoir que je ne possède pas.

Je sais qu'Anissa souffrait de mon image publique. Bien sûr, notre relation lui montre mon vrai visage. Elle rit quand je m'affuble d'identités qui ne sont pas les miennes. Dès que nous en avons la possibilité, nous partons à l'étranger, là où je sais ne pas être reconnu. Alors j'endosse le rôle d'éleveur d'huîtres en Bretagne (Anissa adore les huîtres) ou de dentiste à Cavaillon. Nous partageons ces fous rires, ces moments de joie pure et enfantine qui nous projettent vers un avenir que je sais être empli de complicité et de respect.

Une vie simple et douce s'installe. Bien évidemment, en qualité de père, je suis attentif à ce qu'une bonne relation se construise entre mon petit garçon et Anissa. Une complicité se crée entre eux, dans le respect des rôles de chacun. Jean a une maman, Anissa trouve sa juste place. Ils avaient leurs rituels : chaque soir, avant de se coucher, elle lui raconte trois histoires. J'aime ces moments et j'aime être avec mon fils.

Au fils des mois, nous nous découvrons beaucoup de points communs, comme tous les amoureux qui guettent, l'un chez l'autre, tous les fils des ressemblances et des dissemblances qui, au bout du compte, tissent la trame d'une relation profonde.

Elle soutient les musées, donne de l'argent à la ville de Venise pour qu'elle ne sombre pas sous les eaux. Je l'ai fait également, sous l'impulsion de ma grand-mère adorée.

*

Je veux tout connaître d'elle. Je l'écoute me parler de ses études, de son intérêt pour l'économie : elle investit son argent dans des petites PME en plein essor. Anissa me parle rarement de son métier de mannequin, cet aspect de la mode ne l'intéresse pas. En revanche, la création, les divers métiers de la conception et de la fabrication la passionnent. Parfois, elle s'émerveille d'une broderie raffinée, d'un tissu exceptionnel. Nous avons en commun cet amour du travail exigeant et de qualité. Nous nous retrouvons également dans notre passion commune pour l'art.

J'ai senti, en rencontrant Anissa, qu'il fallait que je me soumette à cette douce force et que je la laisse entrer en moi. Je vis ce quelque chose qui me dépasse et que j'appelle aujourd'hui : le grand amour.

La femme de ma vie, c'était elle. L'homme de sa vie, c'était donc peut-être moi.

Le grand amour entre nous se construit depuis trois ans.

Ma femme a du style, du cran, ma femme a traversé à mes côtés l'une des plus grosses tempêtes médiatiques de ces dernières années. Ma femme m'a couvé, m'a soutenu avec la colère nécessaire et l'humour indispensable à la vie.

Ton homme t'embrasse de tout son cœur, de toute son âme et de sa tête aussi. L'ombre de mon amour sera sur chacun de tes pas. Quoi qu'il arrive, je partirai heureux de notre amour adulte, de notre amour passion, de nos raisons qui ont bien raison d'avoir raison d'imaginer notre avenir et une vie que ne peuvent s'offrir que ceux qui ont conscience de la chance de s'être rencontrés, de se rencontrer encore, de se rencontrer toujours, dans tous nos projets et nos désirs de famille. Nos vies sont liées, je ne suis en place qu'à côté de toi, la femme qui m'accompagne, moi, l'homme qui t'accompagne.

Notre mariage reporté au 12 mai prochain me mouille les yeux, en y pensant je ressens quelque chose de très fort qui m'envahit le cœur, puis tout le corps, qui me dépose de la chaleur au fond de la gorge et dépose un sourire sur ma bouche. Tout s'éclaire !

MES EXCÈS, MES EMMERDES, MA RÉDEMPTION

Deux faits ont retenu l'attention : l'épisode du vol Paris-Johannesburg, que j'ai perturbé par mon comportement inacceptable, et mon arrestation médiatisée, pour trafic de drogue, chez moi.

*

Mal de l'air, mal de vivre…

C'était en 2007, en février 2007.

Je suis épuisé, de plus en plus fatigué.

Je viens d'accueillir mon bébé, Jean, mon fils. Tout est arrivé vite. Élisabeth est enceinte après trois mois de relation, c'est rapide ; mais je ne veux pas dire non à cette vie qui s'annonce. Pas assez de temps pour vraiment devenir père. Je sais d'expérience que ce qui est le plus important à transmettre et à recevoir, c'est l'amour et l'affection.

Si loin qu'il m'en souvienne, mon père m'a souvent parlé de filiation, d'héritage, de nom souvent ; héritage de biens, surtout ! Il a par la suite déshérité ses deux fils. Transmission d'amour et d'affection, jamais il n'en a été question entre nous.

Jean est né. Cette naissance me remue beaucoup. Peut-on être un père quand on n'a pas le sentiment d'en avoir eu vraiment un soi-même ?

Les paparazzi ne me lâchent plus, moi qui suis devenu un papa. « Paparazzo », c'était le nom d'un photographe créé par Fellini dans *La Dolce Vita*. La vie n'est pas vraiment douce pour moi ; je me fais photographier partout et par beaucoup de ces photographes qui cherchent la photo, celle qui sera la plus trash, la plus humiliante, bien évidemment... Ce sont celles qui se vendent le plus facilement et le plus cher.

En ce début d'année 2007, les paparazzi sont à l'affût. Ils guettent mes émotions, mes sentiments, mes faiblesses aussi, bien sûr. Je dors peu et mal. J'ai une tête à faire peur, je me fais peur moi-même, d'ailleurs, quand je croise mon regard dans le miroir.

Je travaille beaucoup aussi, je suis un *workaholic*, un homme qui a une addiction au travail... Certaines addictions sont mieux acceptées socialement que d'autres, c'est normal. En ce qui me concerne, je sais que je suis un excessif, ça ne me rend pas heureux.

Je sens que je suis sur le point de péter les plombs, je suis enfermé dans une vie qui a de moins en moins de sens.

En ce début d'année 2007, ceux qui aiment mes émissions et, je l'espère, m'aiment un peu, voient beaucoup mon nom dans la presse. Mais pour une raison dont je ne suis pas fier. J'ai semé la pagaille dans un avion entre Paris et Johannesburg. Je me sens honteux, honteux d'avoir déçu ceux qui voient en moi un professionnel attachant. Mais je suis triste de ne pas pouvoir me dire que j'ai aussi déçu quelqu'un qui compte absolument pour moi. À part toi, Jean, je ne me sens relié à personne en particulier. J'ai honte de me sentir seul, j'ai honte de ne pas savoir comment il faut faire pour aimer et être aimé. J'ai honte d'avoir dérangé ces personnes qui voyageaient et qui travaillaient dans cet avion.

«L'animateur de télévision Jean-Luc Delarue est convoqué fin mars au tribunal de Bobigny pour *"violence"*, *"outrage"* et *"tentative d'entrave à la circulation aérienne"*, alors qu'il était ivre lors d'un vol Paris-Johannesburg le 13 février, a-t-on appris lundi de source judiciaire. Jean-Luc Delarue sera jugé en audience de comparution sur reconnaissance préalable de culpabilité (CRPC), selon la procédure dite du plaider-coupable, car *"il a reconnu les faits"* lors de sa garde-à-vue dimanche dans les locaux de la police aux frontières (PAF) de l'aéroport de Roissy, selon la même source.»

Voilà ce qui paraît partout. On me résume à ces mots, ces accusations graves... J'ai beaucoup fait mon *mea culpa* sur mon comportement lors de ce vol. Aujourd'hui, je veux essayer d'expliquer ce qu'il révèle de moi.

Je veux reprendre le fil des événements, tels que je les ai vécus de l'intérieur.

*

À la fin d'un direct de «Ça se discute», je me dépêche, comme souvent je suis en retard. Mais là, il faut vraiment que je fasse au plus vite, je dois prendre rapidement une moto pour Roissy d'où décolle l'avion que je dois prendre pour aller à Johannesburg.

Je roule dans la nuit. Je dois rejoindre Élisabeth ; nous partons faire une pause, un safari photo. Jean a à peine quatre mois : nous avons besoin de faire un petit break.

J'arrive à l'aéroport, elle n'y est pas. Je ne comprends pas, elle devrait être arrivée depuis longtemps. Je suis seul, sans un sou en poche… Je déteste cette sensation.

J'appelle mon assistant, qui était chargé de la conduire à l'aéroport. Il me dit qu'ils sont coincés dans les embouteillages. Je m'étonne qu'ils ne soient pas partis plus tôt. Pourquoi n'ont-ils pas pris une bonne marge de sécurité ?

Sécurité : j'en manque moi aussi cruellement. Je commence à me sentir nerveux, tout m'énerve Je tourne en rond dans l'aéroport. D'un seul coup, je suis submergé par une colère qui vient de loin : je me déteste, je déteste ma vie. Rien ne va comme j'aimerais ; je me sens dépendant, dépendant de tout et de tous.

Je me dis qu'il faut que je me calme. Je finis par m'asseoir dans un restaurant en attendant qu'ils viennent me chercher et, par la même occasion, régler mon addition… Pas un sou en poche !

Il est tard, Johannesburg était le dernier vol. J'ai l'impression qu'on me regarde, qu'on me dévisage. Des paparazzi ? Je dîne sans faim, mais j'ai bu tout seul une bouteille de vin rouge.

Enfin ils arrivent. Je m'énerve sur mon assistant de l'époque, un colosse nerveux, tout comme moi. Il esquisse un geste vers moi, je le prends mal ; j'y perçois une agression. Il me serre le bras et menace de me « péter la gueule ». Il se reprend assez vite. Le climat est pourri, de mon fait également. Quel départ en vacances !

Je ne suis plus qu'un amas de colère, tout hurle en moi. Je me sens totalement seul, totalement abandonné, totalement malheureux.

Nous enregistrons les bagages, nous passons la douane... mécaniquement, sans joie, alors que nous partons vers l'un des plus beaux pays du monde! Quel gâchis!

Je marche et je fais la gueule. Nous nous retrouvons en salon première avec Élisabeth. Je mange encore un peu, je bois encore beaucoup. Sous l'effet de l'alcool, je me calme. Je deviens artificiellement gai. J'embarque dans un état déjà bien avancé.

Je redemande du vin avant le décollage. Je me souviens que l'on me serre encore et encore... Dans un sac en plastique donné par un steward, deux ou trois bouteilles ouvertes par ses soins. Le sac est sous mes pieds. Je bois. Je m'énerve de nouveau. Je commence à hurler sur Élisabeth, je lui fais des reproches: pourquoi est-elle arrivée en retard? Pourquoi m'a-t-elle laissé tout seul à Roissy, sans un sou, alors qu'ils avaient le temps d'arriver bien avant moi, puisqu'elle ne travaille pas?

Elle ne dit rien, elle regarde devant elle, sans émotion. Devant tant d'indifférence, j'attrape une boîte de Lexomil. J'en avale deux ou trois, je continue de m'énerver. Je parle tout seul. Je saisis une boîte de Stilnox et j'avale les comprimés... avec du vin.

Je suis accro aux somnifères et autres calmants depuis un moment très précis, un moment qui a changé ma vie à jamais: la mort de ma grand-mère. Elle est en moi en permanence, j'ai parfois l'impression qu'elle est devenue ma force intérieure. Je ressens, dans les moments de grande détresse, une présence qui tente de me protéger de moi-même.

C'est un sentiment diffus et pourtant intense. Elle m'a prodigué un amour inconditionnel.

L'avion vole, moi, je décolle : je me dédouble. Je me vois me lever, me balader dans les travées de l'avion jusqu'au fond. Comme Élisabeth ne parle pas, je parle à tout le monde et principalement à ceux que j'avais croisés dans la file d'attente. J'embrasse même un bébé.

Je me souviens que le pilote m'a proposé d'aller le rejoindre dans le cockpit pour le décollage et l'atterrissage. Je me dirige vers le cockpit, nous sommes en plein vol. Je frappe à la porte, personne n'ouvre. J'insiste, j'essaie d'ouvrir. Soudain, on m'agrippe violemment par-derrière. Je tombe, je me vois tomber à terre, le visage plaqué au sol.

Même pas mal, même pas peur ! Je suis devenu insensible, mais la colère me submerge de nouveau. Je suis jeté sur mon siège. Deux stewards, penchés sur moi, me maintiennent les bras. Je lutte un peu, mais je ne suis pas de taille. Plus tard, l'un d'eux dira que je l'ai mordu ; bien entendu, il n'y aura ni photo ni trace de cette morsure. Encore une aubaine pour récupérer de l'argent sur cette affaire.

Je m'endors.

*

Je me réveille à Johannesburg avec la voix du commandant de cabine dans les oreilles et des menottes de couleur verte aux poignets. Je suis stupéfait. Qu'est-ce que j'ai pu faire pour en arriver là ?

Après l'atterrissage, le commandant de bord vient me parler, les deux stewards à ses côtés. Je reconnais le visage de celui qui a insisté, la veille, pour que je les rejoigne dans le cockpit. Il me dit que j'ai provoqué « quelques petits incidents » pendant la nuit. Ils ont dû m'immobiliser et me passer les menottes.

Il me propose un choix : soit Air France porte plainte contre moi à Johannesburg, mais, ajoute-t-il, « les prisons là-bas ne sont pas très agréables » ; soit je me soumets (l'un des stewards envisageait de porter plainte pour une morsure que je lui aurais infligée). Si j'accepte de reconnaître les faits, dont je n'ai alors aucun souvenir, je repartirai libre et Air France portera plainte contre moi à Paris. Je choisis cette option.

Je me souviens que l'entretien était un peu sévère. Mais, sous l'effet de l'alcool, de la nuit et des calmants, je me sens d'humeur plutôt légère. Le steward ne me lâche pas d'une semelle. Je vois le commandant de bord discuter avec un officier sud-africain à la peau rose, tout en kaki, et qui n'a pas l'air commode. Il vient m'annoncer que je dois signer une déposition signalant les faits. Il me fait peur. Je lui explique que j'ai beaucoup bu, pris des médicaments et que je ne me souviens de rien. Mais je signe la déposition et je reconnais les faits, dont je n'ai aucun souvenir.

Je sors de l'aéroport avec Élisabeth, qui aura été la grande absente de la nuit. Elle n'a même pas bougé quand je me baladais totalement ivre dans l'avion. Elle n'a pas du tout essayé de me raisonner où de me retenir. C'est ce que lui reprocheront les policiers, au retour, qui veulent comprendre pourquoi elle est restée passive. Je ne sais pas s'ils l'ont compris ; moi, toujours pas. Peut-être a-t-elle voulu me donner indirectement une bonne leçon ? Elle avait l'habitude de me voir ivre... Elle connaissait bien mes fragilités.

Nous sortons de l'aéroport et entrons dans le premier trois-étoiles, en face. Je m'endors et me réveille douze heures plus tard. Soudainement conscient de ce qui s'est produit la veille, je décide d'arrêter immédiatement de boire. Je veux stopper l'alcool, tout de suite. Pendant sept ou huit nuits, je transpire comme jamais. Les draps et les couvertures sont trempés, le matelas est trempé, il faut le retourner pour pouvoir nous rendormir.

Le dernier jour de ce séjour, je comprends très vite, grâce aux appels incessants du bureau, que ça balance très fort sur mon compte dans les médias : « Une pile de presse d'un mètre de haut », me dit mon assistant, avec son sens habituel de la psychologie.

*

À mon retour à Roissy, vers 6 heures du matin, une dizaine de bus de police m'attend sur le tarmac, gyrophare allumé ! Scène ridicule et extrêmement exagérée au regard des faits. Le commandant me demande si je désire sortir en premier ou en dernier. Là encore, un choix binaire. Pour ne pas importuner les passagers, je choisis de laisser tout le monde débarquer et je sortirai le dernier. Un officier de police me montre sa carte et me demande de le suivre. J'acquiesce tout naturellement. Je comprends que cela lui ôte le plaisir de me passer les menottes.

Nous sommes interrogés pendant des heures séparément, Élisabeth et moi. Je décide de prendre un accord avec le procureur pour mettre fin à toute cette mascarade : une reconnaissance de culpabilité préalable.

Quelques jours plus tard, mon procès a lieu à Bobigny. Je me rappelle, en traversant la passerelle, avoir vu deux rangées de photographes : première rangée un genou à terre, la deuxième debout. Un vrai peloton d'exécution !

Je marche vers eux, je traverse le peloton et me retrouve dans le bureau du procureur, avec trois avocats contre moi. Tout ça me semble bien excessif : pour une fois que je ne suis pas le seul à aimer les excès ! De l'argent arrangera tout, me fait-on comprendre. Dommages-intérêts, indemnisation pour préjudice moral, je suis un dangereux criminel… Je dois payer, payer pour qu'on veuille bien tolérer ma présence dans ce monde. Et je paie cher : ça me coûte un bras. Le peloton m'a presque amputé, comme sous l'Ancien Régime où l'on marquait les condamnés au fer rouge. Accusations sans preuves. Et le respect du contradictoire, n'y ai-je pas droit moi aussi ? Je ne suis pas un justiciable comme les autres. Me croit-on tellement heureux qu'on ne puisse supporter que je sois intimement, profondément malheureux ? Me fait-on payer ce que certains imaginent être une ingratitude ? L'argent et la reconnaissance publique ne rendent pas heureux ; je le sais, je le vis.

L'un des protagonistes de ce qui est « l'affaire du vol Paris-Johannesburg » raconte sans produire de preuve que je l'ai gravement mordu et réclame une somme astronomique. L'argent guérit les morsures, c'est bien connu ! L'argent est le nerf de la guerre, de cette guerre que je sens se déclarer contre moi.

Je suis condamné à trois jours de stage de citoyenneté que j'effectuerai quelques semaines plus tard.

*

J'entends encore ma mère me dire, après l'incident du vol Paris-Johannesburg :

— À la radio, ils disent que tu vas aller en prison.

— Mais non, maman. Je ne vais pas aller en prison !

— Si. Et je viendrai te voir.

Je me souviens avoir pensé : « Double peine. »

Car, après ma garde-à-vue, ma famille n'était pas auprès de moi lorsque la procédure s'est étalée sur de longs mois. Je n'avais personne à mes côtés.

Le plus drôle, le plus ironique dans toute cette histoire est l'épilogue qui viendra clore ce chapitre de ma vie, plusieurs mois plus tard.

Alors qu'aux dires des uns et des autres j'ai causé des préjudices graves à Air France, notre compagnie nationale m'offre… une carte VIP ! Une de ces cartes que l'on donne habituellement aux chefs d'État, aux artistes de renommée internationale que l'on souhaite voir souvent à bord des avions d'Air France.

Comment dois-je le prendre ? Des excuses publiques ?

*

Un mardi pas comme les autres. Mon honneur ne pèse pas plus de 16 grammes.

J'ai été arrêté le mardi 14 septembre 2010, placé en garde-à-vue dans le cadre d'une enquête pour trafic de stupéfiants.

La veille, j'avais dîné avec un éditeur pour mon livre. Je suis rentré seul et j'ai pris mes somnifères. J'ai allumé la télé – j'aime parfois m'endormir devant. Anissa était chez ses parents.

À 6 heures du matin, je suis réveillé par cette phrase que l'on aimerait n'entendre que dans les séries policières :

— Police !

Des policiers entrent chez moi. J'émerge péniblement de mon sommeil artificiel et j'aperçois le visage baigné de larmes de Martine. Martine est ma concierge, elle pleure. Elle a peur pour moi. Elle répète en boucle :

— Je suis désolé, monsieur, je suis désolée, j'étais dans l'obligation de leur ouvrir.

Ils entrent dans ma chambre. Je ne comprends pas ce qui se passe. J'émerge péniblement, je veux la consoler, lui dire que rien de grave ne peut se produire.

J'essaie tant bien que mal de la rassurer. Elle rentre chez elle. Je suis presque réveillé.

Un policier s'adresse à moi gentiment :

— Monsieur, savez-vous pourquoi nous sommes là ?

Je me réveille tout à fait et je vois quatre policiers dans ma chambre. Que me veulent-ils ?

Soudain, je comprends. Je recolle les morceaux du puzzle. Je saisis maintenant le sens des situations étranges survenues ces derniers jours dans mon entourage proche.

— Monsieur, selon nos informateurs, vous détenez de la cocaïne qui vous a été livrée hier. Veuillez nous suivre.

Je les suis à Nanterre. Je suis placé en garde-à-vue. Je ne sortirai qu'à 14 heures. Je collabore avec eux et leur dis tout ce que je sais. Je leur explique le cycle infernal dans lequel j'ai sombré. J'ai consommé, puis arrêté de consommer, pour de nouveau consommer et arrêter encore. Et cela depuis des années. Au moment où je suis face à eux, je viens précisément d'arrêter de consommer.

C'est l'alcool qui m'a amené à la cocaïne. Avec l'alcool, on ne tient plus debout. Et quand vous êtes alcoolique, le seul moyen de tenir debout, c'est de prendre des stupéfiants. C'est une logique insupportable, irrecevable, et pourtant c'est ainsi que j'ai survécu, depuis plusieurs décennies.

Je ne suis pas fier de moi. J'ai mes zones d'ombre, même si je me suis exposé à la lumière vive. J'ai été doublement, voire triplement puni de mes addictions. La cocaïne taisait mes douleurs, mon ventre me faisait hurler. La cocaïne taisait et masquait mon cancer qui s'épanouissait tranquillement, à l'ombre des lignes blanches.

J'ai souvent franchi ces lignes. Je le paie, là aussi, au prix fort : je lutte chaque jour pour rester en vie.

*

Revenons à cette fameuse arrestation.

Depuis 6 heures du matin, je réponds aux questions du commissaire. J'ai été très bien reçu. Beaucoup de gentillesse.

Je m'inquiète parce qu'Anissa va chercher à me joindre et que je ne pourrai pas lui répondre. Pour le reste, tout me semble courtois, calme. En sortant à 14 heures, je lui envoie un message où je lui explique que j'étais en garde-à-vue. Elle me répond laconiquement : « ? »

Je l'appelle aussitôt. Je pense qu'Anissa est l'une des rares personnes à ne pas être au courant de ce qui m'est arrivé depuis ce matin. À son travail, toute seule face à ses écrans, surveillant les cours de la bourse, elle ne savait rien de la tempête médiatico-judiciaire qui s'annonçait. Elle était loin du défilé incessant de bulletins qui passaient en boucle à la télé et sur Internet.

Je lui parle, je lui raconte… Elle me dit qu'elle arrive immédiatement.

Ce soir-là, un de mes amis proches passe à la maison. Il m'apprend qu'il s'est également retrouvé en garde-à-vue. Il me donne le numéro de téléphone d'un policier qui accepte de me fournir des informations sur mon dossier et de me dire si oui ou non je vais être mis en examen. Fred est très agité, il transpire beaucoup et tient des propos incohérents.

J'appelle le policier. Je lui explique que j'ai été reçu très courtoisement au commissariat. J'entends son sourire au téléphone. Un peu narquois, il m'adresse un avertissement :

— Monsieur, à votre place, je ne remercierais pas le commissaire.

À ce moment-là, je suis bien loin d'imaginer ce qui va se produire. Après avoir raccroché, je constate que Fred est soulagé. Pourtant, il a été arrêté avec une quantité importante de cocaïne, mais il sait qu'il ne sera pas mis en examen.

J'essaie de reconstituer les événements de la journée. Seize grammes de cocaïne ont été trouvés chez moi. Tout au long de ma garde-à-vue, on m'a demandé et redemandé si je faisais partie d'un trafic de drogue, d'un réseau. On n'a cessé de me demander si j'en vendais, ou bien s'il m'arrivait d'en offrir à des amis. J'ai compris tout de suite où on voulait en venir. J'ai dit la vérité : jamais je n'ai offert ou vendu de la drogue. J'ai toujours été un solitaire, et cette merde, je la connais trop pour oser l'offrir comme un présent.

À la télé, dans les journaux, on parlait d'une énorme quantité de cocaïne. Seize grammes, c'est le poids d'une lettre simple. Seize grammes, ça tient dans une poche. Seize grammes, cela peut se dissimuler partout. Seize grammes, c'est un peu moins que le poids de l'âme, vingt et un grammes selon MacDougall.

Dans cet interrogatoire difficile, un peu d'humour caustique est venu détendre un peu l'atmosphère polie mais tendue. Certains policiers, à qui j'avais dû communiquer le montant de mes salaires, ont souri à l'idée que je puisse vendre quoi que ce soit :

— On se doute que vous n'avez pas besoin d'argent !

Quand je suis rentré chez moi et que j'ai regardé, hébété, la télé, je me suis demandé si ce n'était pas seize kilos de cocaïne qui avaient été trouvés chez moi ! Mais, en homme de médias, je sais qu'il faut du sensationnel et de l'exagération pour retenir l'attention des téléspectateurs qui, pense-t-on, en veulent toujours plus. Alors que, comme en toute chose, *less is more.*

J'ai bien évidemment beaucoup réfléchi à cette journée depuis, et aussi à toutes celles qui ont précédé ; je me suis repassé le film de ces derniers jours pour comprendre l'enchaînement qui m'a conduit à devenir, aux yeux de tous, un sordide trafiquant de cocaïne. Je me souviens que mon ami avait un comportement étrange. Il manifestait beaucoup d'angoisse et de peur. J'avais noté ce changement, mais sans savoir à quoi l'attribuer. Je n'ai compris que bien plus tard ce qui s'est réellement passé ce fameux 14 septembre et les jours précédents. Une belle trahison.

Il fallait agir vite, très vite. L'enregistrement des émissions m'attendait, j'avais des explications à donner à mes patrons : comment justifier ces seize grammes saisis à mon domicile ? Comment leur avouer que j'étais un consommateur solitaire de stupéfiants ?

*

Septembre 2010. Comme les écoliers, moi aussi je venais de faire ma rentrée. Je n'avais commencé les enregistrements que cinq jours plus tôt. De plus, la chaîne bruissait de la nomination du tout nouveau patron de France Télévisions.

Je commençais ma rentrée en champion. Arrêté au bout d'une semaine à 6 heures du matin pour trafic de stupéfiants. Une humiliation.

Je n'ai su que bien plus tard que cette journée, en fait, avait été une incroyable mise en scène. Un paparazzi avait même été contacté le jeudi 9 septembre pour organiser le *shooting* du mardi 14 au matin ! Rendez-vous avait été donné en bas de chez moi, entouré de policiers…

Je veux livrer ici ma version des faits. Mon meilleur ami, à cette époque, avait été arrêté pour détention de drogue. Afin d'échapper aux poursuites, il a proposé aux policiers de leur vendre la tête de Jean-Luc Delarue. Le stratagème a fonctionné, puisqu'il n'a pas été mis en examen, alors que les vingt autres personnes et moi-même l'avons tous été, sans exception. Sauf lui, mon ami depuis de longues années…

Comment expliquer que l'un des plus grands consommateurs de la liste n'ait pas été mis en examen? Ma tête avait-elle un prix supérieur aux autres? Je constate que mon nom valait cher, très cher. Le gendre idéal qui tombe pour une affaire liée à la drogue, ça remplit les tabloïds et ça permet de dérouler à l'infini les prompteurs sur l'argent fou des animateurs-producteurs!

Certains policiers semblaient même flattés d'être photographiés avec moi. Ils étaient félicités pour cette arrestation mémorable. Comme souvent, beaucoup se sont fait de l'argent sale sur cette histoire. J'ai appris que ma déclaration, normalement protégée par le secret professionnel, s'est retrouvée dans les colonnes d'un hebdomadaire.

J'ai gagné beaucoup d'argent, et voilà que j'en faisais gagner beaucoup aussi à tout ce petit système. Beaucoup d'argent avec des mensonges, beaucoup d'argent avec des exagérations, beaucoup d'argent sur du vent. L'argent pervertit beaucoup de personnes.

Lors du procès qui s'est tenu au mois de juillet 2012, nombreux ont été ceux qui se sont étonnés d'un fait troublant: pourquoi le nom de cet ami, inscrit sur la liste de ceux qui étaient en garde-à-vue, était-il exempt de mise en examen? Mon avocat m'a certifié qu'à la lecture de l'acte il régnait un silence de mort dans la salle. De nombreux journalistes étaient présents à l'audience; pas un n'a relevé cette absence. Personne n'a voulu faire le rapprochement: pourquoi cet ami proche, arrêté, a-t-il réussi à passer entre les mailles de la justice?

J'ai appelé un autre ami proche, patron d'un journal. Je lui ai demandé pourquoi la vérité ne sortait pas. Il m'a promis d'en parler à des journalistes et de me rappeler. Ce qu'il a fait une heure plus tard, pour me dire qu'il sortirait cette histoire le jour où je serais jugé. Or le procès a été renvoyé, pour moi, au mois de février 2013. Février, c'est loin. Avec le cancer, on ne compte plus le temps de la même façon. Je suis de plus en plus fatigué par les séances de chimiothérapie. Vais-je pouvoir me déplacer en février?

En ce jour de juillet 2012, tous assistent au procès d'un seul homme : le procès de Jean-Luc Delarue. Ce jour-là, j'étais en chimio, je me battais contre le cancer, et partout l'on entendait que se tenait le procès de Jean-Luc Delarue, alors que vingt autres personnes étaient citées, alors que l'ami par qui le scandale était arrivé, celui qui, de l'aveu de tous, avait organisé les choses, celui-là n'était même pas inquiété.

Jean-Luc Delarue fait vendre : voilà ce qu'on me répète souvent.

*

Le 14 septembre 2010, jour de mon arrestation, j'ai bien évidemment subi un choc émotionnel important. Je me demande si oui ou non cela a pu avoir des incidences sur la manière dont mon cancer s'est réveillé de façon fulgurante.

L'un des oncologues m'a expliqué que j'étais malade depuis déjà sept ans sans le savoir, donc depuis 2004. Un cancer au stade 4, d'emblée. Les millions de cellules mettent des années à se multiplier, et le cancer gastrique est un cancer lent et vicieux qui se développe sans qu'il soit visible, même par radio.

J'étais rongé de l'intérieur de ne pas pouvoir dire ma vérité. Car le jour où ils ont trouvé ce petit sachet, j'étais forcément coupable. Coupable de toutes ces années d'excès, coupable d'avoir ce petit sachet de seize grammes dans mon appartement.

2010 est une année que je n'oublierai pas. *Le Parisien*, dans son édition du 15 septembre, avait titré : « Descente aux enfers. » C'est juste, j'ai connu l'enfer. Non pas à cause de mon arrestation, qui a probablement été ma planche de salut, mais à cause de la maladie psychologique, physiologique et physique dont je souffrais.

J'étais devenu un mort-vivant. Après que ma consommation de drogue eut atteint un point culminant en 2007, je n'avais plus d'autre issue que la mort.

Depuis dix-huit mois, je vomissais tout ce que j'avalais. J'avais le transit bloqué, je ne faisais plus de sport, je n'arrivais même plus à grimper un étage sans être essoufflé. Je sautais parfois trois nuits de suite. Je me réfugiais dans l'écriture frénétique du récit de ma vie. J'essayais de m'inventer une vie de pseudo-écrivain pour justifier la prise de substances. Mon corps était une infection généralisée.

Le 3 septembre, quand j'ai vu le docteur A. pour la première fois, la radiographie montrait un larynx surinfecté. C'était dramatique. Je ne prenais plus aucun plaisir à la vie. Zéro joie, rien. Je souffrais et c'est tout.

En janvier et février, j'avais arrêté la drogue et l'alcool pendant cinquante jours. Puis j'avais repris et j'avais bien dû constater que mon organisme n'était pas purgé.

J'ai vécu l'année 2010 comme une chute sans fin.

J'étais en miettes, en cendres. Bourré de médocs, je n'étais plus rien. Mon image était morte. Je n'avais plus de métier. C'était la première année où je n'animais pas d'émission ! Après vingt-quatre ans passés à faire de la radio et de la télé, depuis mes débuts en 1986. J'étais au fond du trou.

Pourtant, 2010 est aussi l'année où j'ai découvert la possibilité de m'en sortir et d'être heureux. Il y avait si longtemps que j'enchaînais les bêtises : le scandale de l'avion en 2007, quatre ans plus tôt, avec Élisabeth, les annulations de tournage répétées. C'est vrai, je touchais le fond. Mais j'avais aussi renoué avec Anissa, pour de bon cette fois. Anissa qui me soutenait de son amour.

2010 est aussi l'année de ma cure à La Métairie. Là, j'ai vu que c'était bel et bien terminé. Tout : l'alcool, les médocs, la drogue.

La cure n'a pas été facile ! C'est là que j'ai compris que je devais capituler. Mon corps, d'ailleurs, avait déjà capitulé. Ma tête devait suivre : il fallait qu'elle capitule à son tour, afin que l'esprit se réhabilite aussi. J'ai découvert qu'une autre vie était possible, moi qui n'avais jamais imaginé mon existence sans drogue ni alcool.

La chance est arrivée avec les derniers mois de 2010. J'ai commencé à reconstruire mes bases. Je m'éloigne de ces faux amis qui m'incitaient à boire… Ils m'ont montré leur « connardise » lorsque j'ai tout perdu, quand on m'a accablé de mépris, de moqueries. Ils ne m'ont manifesté aucun intérêt.

Je ne me sens pas plus proche de ma famille.

Une personne, en revanche, ne m'a pas lâché. Au contraire, cette personne m'a soutenu, accompagné, visité pendant ma cure. Elle n'a cessé de me border de mots tendres. Elle m'a complimenté, accompagné aux réunions des Alcooliques anonymes à Paris, à New York. Et cette personne est toujours là : Anissa. Avec elle, je découvre la vie vraie, la vie saine, le grand amour.

*

Maintenant, je suis enfin à jeun.

Après avoir connu le pire en 2010. La mort physique. La disparition complète du moi. La chute en termes de respect et de popularité. Cette chute était justifiée. Trop de conneries à mon actif. Je n'étais plus rien.

Or je vois maintenant la possibilité de redevenir quelqu'un : je m'accroche à ma nouvelle vie d'ascète. Et je m'aperçois que l'on me fait de nouveau un peu confiance à France 2, dans la presse également. J'en remercie Rémy.

J'ai rencontré Claude-Yves Robin de France 2 pour la première fois. Je suis resté quatre-vingt-dix minutes dans son bureau. J'ai commencé par évoquer ma cure de désintoxication en profondeur. J'ai parlé de ma cure aux Alcooliques anonymes. Il semblait sincèrement touché par les efforts que je déploie pour me remettre d'aplomb. Je lui ai montré mon larynx et mes analyses.

Ensuite seulement, nous avons parlé de mon projet. Nous avions préparé une nouvelle mouture du dossier « Groupe de parole ». Bon accueil sous réserve. Claude-Yves Robin insiste :

— Je ne voulais pas me faire influencer par Rémy Pflimlin.

Sous-entendu : « Rémy Pflimlin a trouvé le programme à son goût. » Claude-Yves Robin aussi.

Un très bon rendez-vous qui me met du baume au cœur. Nous avons bien évidemment évoqué la question de ma suspension d'antenne au moment de mon procès.

Je continue de m'investir dans différents projets. Je fais de nouveau confiance à la vie. Je tiens également à continuer mes séances aux Alcooliques anonymes. Lors d'une séance, j'ai longuement parlé de spiritualité, de mon travail pour accepter mes parents tels qu'ils sont, tout en les tenant à distance, afin de ne pas me laisser polluer par leurs problèmes respectifs. Mon père qui trouve le quotidien dur à vivre. Ma mère qui traverse une mauvaise passe, qui a essayé dix-huit thérapies de couple sans jamais parvenir à dépasser le troisième rendez-vous. Je dois apprendre à ne pas me laisser abîmer par des conflits qui ne sont pas les miens.

Je me concentre sur ma vie de famille à moi, celle que je crée avec mon amoureuse. Je m'accroche aussi à mon travail thérapeutique avec Philippe. Il m'a demandé d'écrire avant la fin de l'année ce que 2010 m'a apporté et d'écrire le 1er janvier au matin ce que j'attends de 2011, les buts qui sont les miens. Je vais le faire. Il m'a montré des extraits d'un livre qui pourrait m'aider à préciser mes objectifs.

Je vois la cinquantaine arriver et je me dis que je commence tout juste à me comprendre. J'ai envie de faire connaissance avec moi et d'être doux avec ce corps que j'ai tant ignoré.

Je me laisse aller à mes émotions, sans peur du cynisme du milieu dans lequel j'ai toujours vécu.

En cette période de l'année si propice à l'introspection et à la dimension spirituelle, je me laisse attendrir par une image captée sur le vif. Je me promène dans mon quartier avec Anissa. Mon regard est attiré par la mise en place d'une crèche de Noël. Pour la première fois, j'ai trouvé touchant ces chrétiens de la bourgeoisie du VIe arrondissement. C'était beau de voir les enfants assis par terre devant la crèche et le prêtre qui jouait de la flûte. Communion simple, qui m'a parue joyeuse.

Le dîner de Noël l'a été tout autant. Beaucoup d'enfants : Marie, Léa, le petit Adam. Jean, malheureusement, n'était avec nous qu'en pensée. J'ai ri de l'humour de Mina, la sœur d'Anissa. Mina est une bonne convive, une bonne sœur et une bonne belle-sœur. Elle fait tout pour que je me sente bien dans la famille.

Je commence à me sentir bien dans ma vie. Merci à toi, Philippe. Je suis les recommandations de mon thérapeute : avoir chaque jour une activité physique, morale, intellectuelle et spirituelle. Corps sain, esprit sain… Comment ai-je pu passer à côté de l'essentiel ?

Le jour de Noël, je veux le passer avec mes compagnons des Alcooliques anonymes. J'adore entendre les autres s'exprimer dans ces réunions. J'apprends à écouter. À me taire. C'est une préparation pour la future émission.

Anissa est venue à la réunion avec moi. Ensuite, nous avons fait un tour dans une pâtisserie que j'aime. Sur le chemin du retour, nous nous sommes arrêtés à Notre-Dame, juste avant la fermeture. J'ai été touché par un beau Christ qui m'a semblé byzantin. J'ai allumé un cierge. J'ai prié.

Je me suis senti léger, heureux. J'avais le sourire aux lèvres. J'étais confiant en l'avenir, reconnaissant d'être malgré tout si peu abîmé par la vie. Le lendemain, j'ai voulu visiter l'église Saint-Germain-l'Auxerrois. C'est, pour moi, la plus belle que j'aie vue à Paris. Plus belle encore que Notre-Dame ou Saint-Germain-des-Prés. Des vitraux sublimes, magnifiquement entretenus, une petite sainte Geneviève touchante, des petits coins où prier. J'ai prié, c'était très apaisant et très beau. Pas trop religieux, pas trop ostensible ni artificiel. Au contraire, quelque chose de pur et d'harmonieux. Je retournerai dans cette église. Ils y donnent une messe tous les jours à 12 h 15.

*

Ce qu'il y a de plus visible, depuis mon rétablissement et ma découverte spirituelle, c'est l'action, passer véritablement à l'acte, cesser de procrastiner.

Avant, je me débattais pour ne rien faire. J'étais le virtuose de l'annulation. Ma vie s'articulait autour de mon besoin d'alcool. La seule activité qui me convenait vraiment, c'était de discuter avec François en descendant du whisky. C'était tout. Pas de sorties, pas d'activités. Je peinais même à m'amuser quand j'emmenais mon fils au Jardin d'acclimatation. Consommer de l'alcool : tel était le centre de ma vie. Ça me prenait tous mes désirs, tout mon temps, tous mes rêves. Je marmonnais des rêves que je n'accomplissais jamais.

Je me sens loin des mesquineries d'avant, de mes potes dépendants. Il faudra que j'aie une explication avec mes deux amis. Il faut qu'ils comprennent pourquoi je suis décidé à en finir avec ces relations compulsives, stériles. Ils n'arrêtent pas de me bombarder de SMS et de messages vocaux que je n'écoute même pas. Je leur rendrai visite la semaine prochaine. Je passerai sans prévenir, sans leur laisser le temps de préparer leur petite mise en scène. J'en ai parlé avec Anissa au cours d'une soirée complice. Elle m'a dit que ce qu'elle préférait dans mon programme actuel, c'est qu'il s'agit d'un programme de vérité.

Anissa me bouscule parfois, elle me fait des réflexions directes et franches. J'aime qu'elle me dise ce qu'elle pense. De sa bouche sort la vérité. Et ce n'est jamais pour faire du mal. Avec elle, pas besoin de chercher les mots derrière les mots ; pas de magouille ni de manip : elle a le cœur blanc. Elle me surprend souvent. Il y a quelques jours, nous sommes allés au show-room salles de bains avec Jacqueline, pour la maison de Belle-Île. À la fin de la visite, elle m'a dit qu'elle préférait regarder d'autres baignoires, car elle trouve les prix trop élevés.

Il y a plus d'une semaine, je voulais la gâter, faire du shopping. Je l'emmène chez Ralph Lauren et d'autres couturiers. Elle ne veut rien acheter et me traîne chez Zara où, pour le prix d'un manteau, elle sort avec huit sacs de vêtements : elle est très contente. J'adore son sourire. J'adore sa simplicité.

Aujourd'hui, je fais beaucoup de choses tous les jours. Et surtout, j'ai *envie* de les faire. Je les fais avec plaisir. Je retrouve mon goût des musées, des balades. J'adore fréquenter les Alcooliques anonymes. Mon boulot est plus facile, beaucoup plus agréable. Au bureau, je me sens bien. Même si je suis encore loin d'être à mon meilleur niveau, j'ai de bonnes idées.

Mais le plus spectaculaire dans mon rétablissement, c'est le plaisir que j'ai à vivre. C'est tellement nouveau ! Depuis combien de temps n'ai-je pas connu la douceur de vivre ? Quinze ans ? Vingt ans ? J'ai à présent une très belle vie, une vie vivante.

Mon souci, depuis mon rétablissement, n'est pas de m'acheter une plus belle voiture ou un plus bel appartement. Mon souci, c'est de vivre. Mon souci, c'est de ne pas mourir.

J'apprends à écouter en silence. Je suis le spectateur que je n'ai pas su être avant.

Cette fin d'année me donne envie de clarifier et de rendre lumineuse ma vie d'homme. Nous cherchons à déménager car je suis de plus en plus persuadé que c'est nécessaire. Je suis las de toutes ces groupies qui se sentent chez elles dans mon intimité. Je suis agacé de constater que certaines restent ostensiblement sous mes fenêtres et guettent mes allées et venues. Certaines sont sympathiques, d'autres plus gênantes. Il y en a une qui vient depuis quinze ans à toutes les émissions et me harcèle pour obtenir des photos et des autographes pour ses enfants. Elle voit en moi l'incarnation du Christ. L'équipe technique s'amuse de son petit jeu. Pourtant, quand ma concierge m'a affirmé l'avoir vue de très nombreuses fois au bas de mon immeuble, j'ai demandé qu'elle soit refoulée de mes émissions. Quelle surprise, en juin, de recevoir une assignation en reconnaissance de paternité pour une enfant née treize années auparavant ! Telle l'Immaculée Conception, elle aurait fait un enfant toute seule, habitée par l'esprit saint qui régnait sur les plateaux…

Il est vrai qu'en ce moment ma vie est calme : je me bats contre le cancer, j'arpente les locaux du palais de justice pour obtenir un droit de visite de mon fils, je bâtis le début de ma vie d'homme marié et je me prépare au procès, reporté en février 2013.

Notre petite famille devra se construire sur des bases solides et nouvelles. Il nous faut un endroit où je ne sois plus le centre du monde, mais juste un élément de notre monde.

De toute façon, trop de mauvais souvenirs hantent la rue Bonaparte : la défonce, une vie défaite, d'énormes réceptions sans queue ni tête, des conversations stériles.

Je veux aussi me délivrer de mes peurs irrationnelles sur le mariage et la famille. Je suis fier qu'Anissa ait accepté de porter mon nom. Il y a une page à tourner. C'est le deuxième livre de ma vie qui va s'écrire maintenant.

Je construis la rampe de lancement de ma deuxième vie. Ma gratitude pour Anissa est immense.

*

2010 aura donc été un mal nécessaire. À nous, 2011 !

2011 sera l'année de mes rêves, de mes désirs, de mes projets. Je l'espère d'abord et avant tout comme une année de reconstruction et de construction.

Reconstruction, car ma tâche la plus urgente est de me rebâtir physiquement, de nettoyer mon corps, de le désintoxiquer des produits qui l'ont détruit, abîmé.

Construction, parce que j'ai à bâtir un Jean-Luc au cœur neuf, à l'esprit neuf, un Jean-Luc délivré de pulsions négatives, de mauvaises pensées et d'égoïsme. Un Jean-Luc refondé personnellement et spirituellement.

Je me suis fixé des objectifs. Prendre le temps d'aller ni trop vite ni trop lentement ; d'approfondir mon histoire avec Anissa en tenant compte de ses désirs profonds, en recherchant les accords parfaits, en acceptant parfois des compromis ; de bien réfléchir avant de décoder, et ensuite d'avancer.

Je veux que nous terminions les travaux de notre maison à Belle-Île. Je veux que nous puissions nous y marier. Et je veux y vivre. Car je souhaite me fiancer. J'ai l'intention de demander Anissa en mariage. Tel est mon vœu le plus profond : lancer la graine qui fera de nous une famille. J'aimerais qu'Anissa soit enceinte avant le 1er janvier 2012.

Et je ferai mon tour de France, comme annoncé. Je prendrai le temps de donner. De recevoir aussi : j'ai tant à apprendre.

Je signerai avec France Télévisions pour la deuxième partie de soirée. Ce sera confirmé avant septembre 2010. Je saurai me mettre à l'écoute de Sophie, je tiendrai compte de ses remarques. Il faudra que l'émission soit aussi élaborée que « Ça se discute ». Unir le fond et la forme, afin que tout ait un sens. Je vais continuer à prendre des notes, à me renseigner sur les programmes de toutes les grandes chaînes, et aussi des petites.

Je vais me remettre au sport, activement et régulièrement – cinq fois par semaine serait parfait. Installer une salle de gym rue Bonaparte. Participer à une course en 2012. Pourquoi pas au semi-marathon ?

Je vais donner vie, et pour plusieurs années, à la fondation Réservoir Prod.

Il y aura aussi un beau voyage avec Anissa. Après nos fiançailles, nous partirons à Istanbul début février : voyage de fiançailles… c'est pas vraiment glamour ; je ferai mieux pour nos noces.

Et mon fils : je partagerai avec lui des jeux et des films ; je lui donnerai des ouvertures culturelles.

Je ferai le tri autour de moi, je construirai des relations solides avec des personnes ouvertes, généreuses. Je veux bien donner avant de recevoir, mais pas à n'importe qui désormais ; je m'éviterai ainsi les déceptions et les pertes de temps.

Bien sûr, il y aura des deuils à faire. Des amis qu'il faudra accepter de perdre – le lien qui m'unissait à Frédéric, par exemple, ou à François. Je tiens à me couper du monde des petits magouilleurs, menteurs et profiteurs. Je veux avancer droit. Choisir, réfléchir, construire.

En 2011, la capitulation sera digérée, la reconstruction engagée. Heureux des petits plaisirs, je sortirai des chimères de l'argent et de la puissance.

J'apprendrai enfin l'humilité et l'amour.

*

Une épreuve m'attend en ce début 2011. J'ai prévu de donner une interview à l'AFP pour expliquer ma mise en examen. J'ai passé la journée à réfléchir. Je suis resté couché toute la journée en me levant régulièrement pour aller embrasser Anissa. J'en profite car demain elle doit se rendre chez ses parents pour soutenir sa maman ; son papa vient d'être hospitalisé. Mais même en son absence, je sens son amour. Même quand elle est obligée de rester auprès de ses parents.

J'ai écrit mon texte. En fin de compte, peu de phrases seront retenues. Mon avocat pénaliste m'a appelé vers 21 heures. Il a pu avoir accès à mon dossier et parler avec le juge. Il est confiant sur le climat et sur l'issue de mon entrevue. Je ne suis pas perçu comme un criminel ou un délinquant. Je crois que l'on comprend que je suis un pauvre type malade et que je me soigne pour de bon.

Je travaille sur mon livre. J'ai besoin de poser les mots pour abandonner les maux, les laisser enfin m'abandonner. Je me mets dans un état de méditation, de lenteur, de noblesse. Je laisse les idées venir et repartir. Je m'endors et me réveille. Reposer mon corps et ma tête. J'apprends à réfléchir au ralenti. Je crois que méditer, c'est apprendre la lenteur.

Le soir, il ne me reste rien de concret de ces flux et reflux mentaux. Cela viendra. Quand le moment sera venu, les idées seront en place.

Certaines personnes me manifestent un intérêt sincère et sans pathos; cela me réconcilie peu à peu avec le milieu de la télévision. J'ai eu Benoît Duquesne au téléphone; je vais sans doute participer à «Complément d'enquête».

Benoît est venu à la maison le soir. Nous avons longuement discuté. À la fin, il m'a dit des choses gentilles sur mes émissions. Il dit les aimer vraiment: il a insisté. Il dit aussi qu'il ne me connaissait pas bien. Il me connaissait surtout à travers mes émissions. Mais il aime mon visage d'aujourd'hui. Ça m'a fait rire, et plaisir. Dans l'interview, il souhaite que je parle de ma consommation de drogue, de mon arrestation, de ma mise en examen. J'ai dit:

— Sans problème.

Je pense que nous allons faire une bonne interview. Que c'est la bonne interview, au bon moment. C'est un homme prudent, méfiant, mais qui me semble faire honnêtement son travail. On tournera chez moi le 17. Il viendra avec quinze personnes et ses fauteuils rouges.

Après son départ, je me suis senti mal. Je me suis mis à vomir. Je n'ai pas fait tous les examens médicaux qui m'avaient été prescrits. Anissa ne le savait pas. Quand elle me demandait d'aller consulter pour mon estomac, je lui répondais qu'elle n'était pas ma mère. Ma réaction la mettait hors d'elle. J'ai fini par lui dire que j'avais consulté au centre hospitalier Georges-Pompidou et qu'ils n'avaient rien trouvé. C'est vrai que j'angoissais pour mon ventre ; mais j'angoissais encore plus pour mon livre.

Écrire me plonge et me replonge au cœur de mon mal-être, de mes origines. Exercice difficile, mais je dois aller au bout. Ma famille me rend malade. D'ailleurs, quand je veux écrire le mot « famille », ma main écrit « faille ». Mon psy m'a dit :

— C'est quand même bizarre qu'il n'y ait pas de psychotique dans votre famille...

*

Je m'étais fait la promesse de faire désormais ce que j'avais dit que je ferais. Agir, tenir mes engagements, envers moi et envers les autres.

Décrocher de la drogue et de l'alcool m'a donné envie d'aller à la rencontre des jeunes. Mais là, je voulais aller vers eux, me déplacer. Aller sur leur territoire.

J'ai donc entrepris mon Tour de France. Je suis très ému de me lancer dans cette démarche. Si mon intervention pouvait sauver un élève parmi tous ceux que je vais rencontrer, cela suffirait à donner tout son sens à cette action.

La campagne de prévention du lycée Le Likès à Quimper est arrivée comme une évidence. C'est une maman d'élèves qui m'a contacté, Isabelle, et je la remercie. La drogue : il faut en parler AVANT qu'elle ne devienne un problème. Voilà ce qui guide mon tour.

Pour les drogues que j'ai connues, il n'existe pas de substitut médical. Le seul moyen pour en sortir, c'est la parole. En parler avec d'autres personnes qui connaissent le même problème que moi, et qui comme moi veulent s'en sortir. On s'entraide les uns les autres. Cela fait cinq mois que je suis clean. Zéro drogue, zéro alcool, et surtout une sobriété heureuse.

Et comme seule la parole partagée et l'écoute m'ont permis de m'en sortir, je vais faire tout mon possible pour que la parole et l'écoute permettent aux collégiens et lycéens que je vais rencontrer de ne pas tomber, puis de ne pas s'enfermer dans ces produits.

J'ai expliqué aux jeunes quel adolescent j'avais été. Un garçon paumé, hyper-timide, qui avait l'impression d'être un figurant. Je n'avais pas l'impression que la vie était vraie, je croyais que je jouais dans un film dans lequel je n'avais pas le droit à la parole.

J'ai expliqué aux élèves que j'avais vécu chez mon grand-père pendant la préparation du bac. Un soir, il a sorti une à une des bouteilles de vin qui étaient stockées sous son évier. Nous avons bu à nous deux sept bouteilles de vin en une soirée…

Plus tard, c'est la cocaïne qui est entrée dans ma vie, sous la forme d'un « cadeau » déposé sous mon paillasson quand j'étais étudiant en IUT, un quart de gramme que j'ai inhalé seul.

Quelque temps plus tard, ces deux produits sont entrés dans la mémoire de mon cerveau, ils ont resurgi à différents moments de ma vie, jusqu'à l'été dernier où j'ai perdu le contrôle de ma consommation. Ce que j'ai tenu à dire à ces élèves, c'est qu'au départ la drogue c'est peu de produit pour beaucoup d'évasion et qu'à la fin c'est beaucoup de produit pour juste ne pas se sentir mal. Personne ne peut dire que tester une drogue, même une seule fois, est sans risque. Cela dépend de la personne. Nous sommes tous inégaux devant le risque de dépendance.

La maladie, ma « malavie » qui me fait aimer la vie

J'ai dévalé à une vitesse hallucinante, j'assume ce mot, l'escalier qui mène de l'Olympe à la fange. Rien ne m'aura été épargné ; il est vrai que, bien souvent, j'ai été le premier à me tourmenter moi-même. J'ai beaucoup souffert, comme beaucoup de personnes.

J'ai eu aussi très souvent ce sentiment délicieux de ne faire qu'un avec moi et, un jour, de faire un avec celle qui est devenue ma femme. J'ai eu la chance de rencontrer l'amour avec un grand « A », celui dont me parlait ma grand-mère.

Et un jour, ma vie a pris ce détour inattendu, celui qui nous fait prendre le mur de plein fouet, sans airbag ni protection. Un jour, on m'a dit qu'il y avait quelque chose en moi, profondément lové dans mon ventre. Quelque chose qui se multiplie à l'infini et contre lequel on m'a dit qu'il faudrait que je lutte. Quelque chose qui prendra beaucoup de place et qui me mettra hors de moi.

Je venais à peine de faire la paix avec ce moi que j'avais mis tant de temps à assembler. Le puzzle presque réuni, tout explosait en morceaux, en miettes. J'ai trouvé que ce moment était bien injuste.

*

À mon retour de vacances, à la rentrée de septembre 2011, j'étais en forme. J'enchaînais les journées de travail et les plages de détente. Deux fois par semaine, je jouais au tennis au Country Club de Paris. Les tournages de « Réunion de famille » avaient commencé, ainsi que l'enregistrement des émissions en plateau. J'avais l'impression de communiquer mon énergie aux équipes de production. Bref, tout fonctionnait à plein régime.

Mais, comme il m'arrivait souvent d'avoir de fortes douleurs abdominales, j'avais pris un rendez-vous en gastrologie.

Le 16 novembre, à deux jours d'un enregistrement de « Réunion de famille », je suis pris de violentes douleurs au ventre. Incapable de me lever. Anissa, à ce moment-là, est à son travail. Je la préviens par SMS. Elle me répond qu'elle arrive. Je lui dis de ne pas s'inquiéter : ils vont me faire une piqûre et je serai d'attaque pour l'enregistrement du surlendemain. Je suis sincère : je crois vraiment que les choses vont se passer ainsi.

Je demande à Arnaud, mon assistant et ami, de venir rue Bonaparte. À son arrivée, je parviens à me lever. Puis je décide de me recoucher, tandis qu'Arnaud retourne à Réservoir Prod. Je reste avec Anissa qui me dorlote.

Deux heures plus tard, après une longue sieste dont j'émerge encore plus épuisé, Anissa appelle Arnaud de nouveau. Il revient. Sur leurs conseils pressants, j'accepte de me rendre aux urgences pour leur montrer qu'il n'y a rien de grave.

Mais les médecins ne sont guère rassurants – même s'ils s'efforcent de ne pas se montrer alarmistes. Bien sûr, ils me connaissent. Quoi qu'il en soit, ils font tout pour me dissuader d'enregistrer dans deux jours. Idée à laquelle je n'arrive pas à me faire : nous n'avons qu'une seule émission d'avance, ne pas enregistrer, c'est risquer une catastrophe.

Les examens suivent leur cours : échographie, scanner. Anissa tourne en rond, comme une bête en cage. Arnaud est là aussi ; je lui demande de ne rien dire à Réservoir, inutile d'affoler tout le monde pour si peu, tout va s'arranger…

On vient alors m'annoncer que je vais recevoir la visite du médecin avec qui j'avais justement pris rendez-vous pour la semaine suivante. Il a décidé d'interrompre ses vacances pour venir m'examiner.

Sur le moment, je vis l'incident comme une sorte d'aubaine. En effet, l'émission « Réunion de famille », dans laquelle je suis embarqué, représente un genre de programme qui ne m'intéresse plus. J'ai l'impression de faire du déjà vu et revu. On m'a demandé du sur-mesure – des réunions de famille sur le modèle des groupes de paroles organisés par Alcooliques anonymes –, je fais du sur-mesure ! Mais sans y croire vraiment et sans y prendre aucun plaisir. Surtout avec ces douleurs abdominales qui me gâchent mes journées. Si je tiens bon, c'est que j'espère avoir ensuite mon émission à moi : là, je créerai la surprise.

Quoi qu'il en soit, cette journée particulière touche à sa fin. J'ai commencé à batailler avec les médecins pour qu'ils me laissent sortir et rentrer à la maison. Rien à faire : ils veulent des examens complémentaires. Ils décident même de m'envoyer en soins intensifs. L'enregistrement de «Réunion de famille» est reporté d'une semaine.

Puis les jours passent et les examens se succèdent. Bientôt, il faut se rendre à l'évidence: je ne reprendrai pas le travail, les enregistrements de «Réunion de famille» doivent être annulés.

Avec Arnaud, je rédige un communiqué de presse annonçant mon hospitalisation et l'interruption – jusqu'à nouvel ordre – des enregistrements. Je prends le téléphone pour parler de ce communiqué avec la chaîne. Puis je valide.

Je suis toujours en soins intensifs quand un médecin m'annonce que c'est peut-être un cancer:

— Une chance sur deux, me dit-il.

Anissa est présente; elle pâlit, puis s'efforce de me rassurer. Je décide alors de contacter un ami, un médecin de Villejuif, un mandarin, un homme avec qui j'ai travaillé sur l'émission intitulée «Le cancer sort de l'ombre». Je lui dis au téléphone:

— Si c'est un cancer, je veux que tu suives mon dossier. J'ai confiance en toi.

Il se met immédiatement en rapport avec ses collègues de l'Hôpital américain de Neuilly.

Quand arrive l'annonce du diagnostic, mon gastrologue est mal à l'aise. Il commence par tourner autour du pot. Je lui demande d'en venir au fait. De toute façon, j'ai compris: c'est grave. Ce sera un cancer de l'estomac et du péritoine.

J'appelle Anissa, qui attend au bout du couloir. Elle est déjà en pleurs. Elle connaissait la nouvelle; elle a croisé le médecin deux minutes auparavant.

Anissa entre dans la chambre en s'excusant de pleurer. Elle m'assure que nous allons tous nous en sortir. D'ailleurs, je me suis toujours sorti de mes difficultés. On va se battre ensemble comme on s'est battu l'année qui a suivi mon arrestation. Et le malheur finira bien par renoncer à s'acharner sur nous.

Lorsque j'ai rappelé le médecin, j'étais furieux. Je lui en voulais d'avoir annoncé la nouvelle à Anissa. C'était à moi de le faire, et à personne d'autre.

Anissa et moi avions décidé de nous marier en décembre. Hors de France. Dans un lieu tenu secret. En informant les amis au tout dernier moment. Il faut maintenant différer le projet. D'abord, je lui propose janvier, puis je réfléchis. Les séances de chimiothérapie m'empêcheront sûrement de voyager. Changement de lieu : ce sera finalement Belle-Île. Mais notre maison est en travaux jusqu'au mois d'avril.

En définitive, c'est Anissa qui choisit la date. Ce sera le 12 mai prochain. Je sens qu'elle doute, qu'elle se demande au fond d'elle-même si nous y arriverons jamais. Mais elle aime les concordances de chiffres. C'est une femme de symboles. C'est ma femme.

Deux femmes ont compté pour moi : ma grand-mère et Anissa. L'une et l'autre ont toujours été là dans les coups durs.

Dès lors, une équipe de médecins énergiques est constituée pour m'aider à mener ce combat, avec pour objectif de mettre en place le traitement le plus efficace, le meilleur possible.

Suit un épisode frénétique. Nous allons nous payer les meilleurs restaurants, les plus beaux voyages, les plus formidables vêtements ! Tout ce que je n'ai pas fait lorsque j'étais en bonne santé, c'est maintenant qu'il faut le faire ! Il m'arrive de convoquer mon assistant à l'hôpital avec les costumes des plus grands couturiers ; je suis capable d'en acheter plusieurs par jour, comme un pied-de-nez au destin. Changer d'habits ne me fait pas changer de peau. Je suis nu, je suis dans mes habits de naissance.

*

J'ai reçu des visites, celle de Frédéric Mitterrand en particulier, qui est venu en ami, avec le souci de m'écouter et de me réconforter.

Tout cela est difficile à vivre. Surtout avec cette histoire de paparazzi. J'ai reçu plusieurs appels m'indiquant qu'il serait en possession de mon dossier médical, qu'il tente de monnayer. Ayant moi-même été souvent accusé de choses que je n'avais pas faites, je n'ai jamais voulu donner en pâture le nom d'un homme sans être certain à mille pour cent de sa culpabilité. Par la suite, j'ai appris que mon dossier n'était jamais sorti du service et que cette histoire de paparazzi était une pure invention. La vérité est plus sordide : un membre du personnel avait bel et bien vendu à la presse, pour quelques euros, l'information selon laquelle je souffrais d'un cancer.

Suis-je encore un être humain? Suis-je une marchandise? On vend ma vie pour trois sous, comme on a donné naguère ma tête à la police! Quand je pense que des gens me voient comme un privilégié menant une vie de star! Alors que mon existence n'est rien d'autre qu'un pacte avec le diable.

Je me suis mis à redouter que l'on ne fasse circuler sur mon compte des informations – vraies ou fausses – dans le but de nourrir le scandale, d'alimenter la polémique, de vendre des journaux, de faire de l'argent à tout prix, quitte à inventer des mensonges.

J'ai demandé par mail à Élisabeth de ne pas parler à Jean de ma maladie pour le moment. Je préfère le lui dire moi-même, en trouvant les mots justes. En dédramatisant.

*

La décision a été prise d'un commun accord avec le président de France Télévisions : j'allais révéler moi-même mon cancer au public, dans le cadre d'une conférence de presse.

Elle s'est tenue le 2 décembre, au siège de France Télévisions. Les journalistes étaient invités à prendre place dans la salle du conseil, au septième étage.

Je les ai rejoints peu après 16 h 30. Je leur ai serré la main à tous – comme je devais le leur dire à la fin, l'assemblée comptait plusieurs personnes que j'aimais beaucoup.

Parlant debout, le micro en main, j'ai commencé par remercier l'assistance, d'autant que cette réunion avait été convoquée quasi au débotté. Puis j'ai expliqué ce qui m'était arrivé, à savoir que j'avais été hospitalisé en urgence suite à des douleurs abdominales qui me poursuivaient depuis un an, mais qui étaient soudain devenues abominables – elles atteignaient le niveau 8 de l'indice de douleur. J'ai dit que les médecins m'avaient retiré du ventre quatre litres d'eau. J'ai ajouté qu'ils avaient été parfaits, de même que les infirmières.

Je me suis alors exprimé on ne peut plus clairement :

— J'ai un cancer de l'estomac et du péritoine.

J'ai tenu à ajouter que mon indice de bonheur, paradoxalement, était au plus haut – entre 9 et 10.

Cela tenait au fait que j'avais bien l'intention de profiter de chaque parcelle de vie qu'il me restait à vivre. Je ne manquais pas de projets et il était essentiel d'en avoir, aux dires même des médecins.

Très ému, j'ai conclu sur une note humoristique :

— On ne vit que deux fois.

Rémy Pflimlin a pris le micro à son tour et m'a remercié au nom de France Télévisions.

C'était fini.

Il ne restait plus qu'à retourner au combat.

*

À l'Hôpital américain de Neuilly, on m'a transféré du troisième au cinquième étage qui offrait un décor bien plus agréable. Je réagissais très bien et très vite aux antibiotiques : la fièvre est tombée, l'infection a disparu.

Puis est venue ma première chimio, au deuxième étage. Il fallait se dépêcher : le cancer, lui, ne perdait pas de temps. Un ami qui avait fait l'expérience de ce traitement m'a dit que c'était comme répandre de l'eau de Javel dans la tuyauterie. Et je savais, ainsi que je l'ai dit aux journalistes, qu'il n'y aurait à la fin qu'un seul vainqueur : le cancer ou moi.

Les infirmières ont préparé les médicaments anti-nausée. Je leur ai demandé de me prévenir quand elles mettraient la poche de chimio. Le moment venu, j'ai pris la main d'Anissa et j'ai fermé les yeux.

Nous commencions un nouveau combat ensemble.

Les médecins m'ont annoncé que je répondais bien à la chimiothérapie. Les résultats étaient spectaculaires, étant donné l'état dans lequel j'étais arrivé à l'hôpital. J'ai sorti mon smartphone pour enregistrer ces propos. J'étais heureux. Ma femme était heureuse aussi. Nous avions les larmes aux yeux : l'espoir revenait.

Entre deux chimios, des réunions se tenaient à l'hôpital et rue Bonaparte avec mes collaborateurs de Réservoir, parfois avec des journalistes ou des responsables de France 2. J'avais des projets en tête, que je proposais aussi à d'autres chaînes. À quoi s'ajoutaient deux ou trois rendez-vous professionnels par semaine, au bureau ou ailleurs. En fait, je préparais ma rentrée 2012. Les médecins, stupéfaits de me voir déployer une telle énergie, me conseillaient de me ménager.

*

J'ai voulu changer d'année en beauté. Nous sommes donc allés réveillonner chez Azzedine Alaïa. Comme Anissa me trouvait fatigué après ma séance de chimiothérapie, il m'a gentiment prêté une chambre pour me reposer un moment pendant la soirée.

Il est collectionneur d'art, comme moi. Nous achetons chez les mêmes galeristes. D'autres points communs nous rapprochent : nous sommes deux grands timides et deux perfectionnistes, avec la même perception de la vie et le même mot d'ordre : « Tout est dans le détail. »

Azzedine, je l'adore. C'est le plus grand couturier du monde.

Hélas ! je n'ai pas pu profiter du dîner, qui avait l'air délicieux. C'est dur, pour un gros gourmand tel que moi. Mais après la chimio, tous les aliments ont un goût de carton : on n'a aucun plaisir à manger.

En ce début 2012, je me sens mieux. L'énergie revient et, avec elle, les projets. Anissa et moi partons à Belle-Île pour préparer la fin des travaux dans la maison.

Nous avons même rendez-vous avec le maire de Sauzon pour préparer le mariage, dont la date doit rester secrète. J'ai obtenu que les bans ne soient pas publiés. Seul moyen d'échapper aux médias.

*

À l'hôpital, j'essaie de mettre de l'humour et de la dérision dans mes actes quotidiens. J'ai une nouvelle meilleure amie : ma potence avec sa poche à perfusion. On se promène ensemble, on est assez fusionnels.

J'ai beaucoup de mal à rester en place, enfermé dans cette chambre de 17 m^2. Je marche dans les couloirs, je tente d'engager la conversation avec mes voisins. J'essaie de me rendre utile, de changer les chaînes de télé ; je préconise toujours les chaînes du service public.

Au bout d'un certain temps, j'ai compris que je faisais partie des meubles ; quand je rencontrais les brancardiers, on se tapait dans la main. Ces signes de reconnaissance étaient très importants pour moi : je n'étais pas qu'un corps malade, je restais une personne.

J'avais décidé de continuer à me maintenir en forme. Je faisais du Pilates avec ma poche de chimio autour de la taille, la gym des astronautes ! Il me fallait au moins ça pour prendre de la hauteur avec mon quotidien.

J'entendais le médecin s'écrier :

— Ce n'est pas possible ! Il est comme Obélix, celui-là ! Il est tombé dans la soupe quand il était petit !

*

Après mon retour à la maison, j'ai eu une période d'euphorie. Je voulais me remettre à vivre à cent à l'heure, me persuader que la maladie n'avait rien changé, que j'étais capable de vivre comme avant, et même davantage. J'avais envie de recevoir du monde. Je voulais que mes amis viennent me voir. Je prévoyais même d'organiser de nouveau des rendez-vous professionnels.

Je me suis vite rendu compte que je faisais fausse route. Le bonheur, c'était d'être auprès de mes proches. Auprès d'Anissa surtout.

C'était insupportable de lire la tristesse dans ses yeux. Difficile de voir qu'elle se forçait à paraître gaie, qu'elle cachait son chagrin. Nous qui avions traversé tant d'épreuves, rien ne nous était épargné. Je m'en voulais de lui faire vivre les pires années de ma vie. Je m'en voulais de ne pas avoir vécu avec elle les moments de pleine santé ; ceux-là, je les ai gâchés ! Maintenant, je lui faisais subir une nouvelle lutte, pas n'importe laquelle : une authentique lutte contre la mort. C'était la bataille de ma vie. Je continuais de me battre pour notre bonheur.

Anissa, ma femme, mon amour. Elle si réservée en apparence, mais dont le cœur est si chaud. Sans elle, je me serais laissé mourir. Avec elle, j'ai envie de lutter. Car j'ai enfin goûté au bonheur, à ce bonheur qui m'avait été refusé – je voulais maintenant le déguster, et même le dévorer. Je voulais vivre, vivre pour rendre heureuse celle qui m'a fait renaître.

*

Au printemps, j'ai ressenti un regain d'énergie. Nous avons décidé d'aller prendre l'air à Lausanne pendant un mois. J'aime me ressourcer au bord du Léman. Ça me rappelle mon rétablissement d'octobre 2010. J'ai loué un Zodiac pour faire avec Anissa une promenade sur le lac : un moment de bonheur absolu. Je vois l'importance de ces instants de joie simple.

Je fais aussi du sport. Je dois me remuscler : la cortisone qu'on m'administre après les chimios a fait fondre mes muscles comme neige au soleil. Je veux récupérer mon corps d'avant. J'ai du mal à supporter ce que la chimio fait de lui.

Depuis quelques semaines, je vais mieux. Je reprends des forces, je suis en meilleure santé. Je suis souvent chez moi. Ma chimio reprend dans quelques jours, mais j'ai envie de me battre. Je me sens apte à envisager l'avenir.

D'ailleurs, nous avons remis en chantier le projet de mariage, initialement prévu pour décembre 2011. Il aura lieu le 12 mai prochain à Belle-Île, dans ma maison, entre intimes.

Je souffre beaucoup, je récupère et de nouveau je repars. Dans ces moments-là, chaque geste compte et chaque absence détruit. Mon fils n'a pas pu partager tous ces moments. Sa mère n'a cessé de me faire des procédures pour me retirer Jean. Parfois, j'avais l'énergie de me battre et cela ne faisait qu'un combat de plus. Mais il est arrivé des moments de désespérance, des journées où l'heure à venir était incertaine. J'aurais aimé avoir mon petit garçon auprès de moi. Jean, je me rends compte que nous ne nous connaissons pratiquement pas ; s'il m'arrivait malheur, que garderais-tu comme souvenir de ton père ? Notre lien n'a pas pu se construire normalement.

La pédopsychiatre mandatée par le juge en qualité d'expert avait pourtant insisté sur le fait qu'il était nécessaire à l'équilibre de mon fils qu'il puisse me voir malade. Elle diagnostiquait qu'il était en état de gérer une relation avec son papa affaibli. À l'audience de renvoi, dans l'ordonnance du 6 juillet 2012, elle indique que « le père est très présent dans le discours de Jean, qu'ils doivent prendre conscience de la gravité de l'état de santé du père et de l'importance pour l'enfant de passer du temps auprès de ce dernier ». Elle préconise que « Jean voie régulièrement son père » et précise que « l'état de santé de M. Delarue est supportable pour un enfant de cinq ans ». Je suis certain qu'il aurait lui aussi aimé m'accompagner, m'entourer de ses petits bras et me donner son doudou pour me consoler. Jean, tu m'as terriblement manqué.

*

Quelques jours plus tard, j'ai le bonheur de jouer avec Jean dans ma chambre d'hôpital. Nous parlons à bâtons rompus, quand soudain il me lâche la phrase qui tue :

— Tu sais, j'ai mangé avec Grand' Pa et Tonton Philippe au restaurant, ce midi.

Ainsi, mon père et mon frère ont déjeuné à quelques petits kilomètres de ma chambre d'hôpital. Ni l'un ni l'autre ne m'ont fait signe. Pas un appel, pas une visite. Je fais pourtant partie des patients que l'on peut librement visiter ; je ne suis pas contagieux !

Je contiens ma peine. Je ne veux pas que Jean se sente coupable. Double peine! Je rêve de manger depuis des jours et des jours. De nouveau, me voilà exclu d'un déjeuner en famille. Véritablement, famille et faille seront toujours mes cousines.

*

En juillet je passe beaucoup de temps chez nous, rue Bonaparte. J'ai des permissions de sortie en journée, de 13 à 19 heures. Je suis épuisé par les traitements et par un problème qui revient de temps en temps: le cancer produit des occlusions passagères. Je ne peux donc pas m'alimenter. Je ne peux pas remplir mon estomac, puisque mes intestins ne fonctionnent plus. Alors, comme je manque de protides, je retourne la nuit à l'hôpital pour y être nourri sous perfusion. C'est affreux, vu le gros gourmand que je suis: le cancer me prive d'un de mes plus grands plaisirs.

Dans le taxi qui m'emmène à l'hôpital, après ma permission de sortie, je demande souvent au chauffeur de ralentir, de ne pas rouler trop vite. La première fois, Anissa a cru que j'avais la nausée, que le chauffeur avait une conduite trop brusque. Mais ce n'était pas ça. Je voulais juste profiter du spectacle de Paris, observer les gens à la terrasse des cafés, les regarder manger et rire…

Car c'est l'été et il fait beau.

Comment ai-je pu ne pas profiter de chaque journée de mon existence? Ma vie consistait à travailler dur. Je rentrais à la maison exténué. J'allais trop rarement au restaurant, et c'était pour piquer du nez avant l'arrivée du plat principal, tellement j'étais fatigué.

Regrets…

Regret des choses simples auxquelles on ne prête aucune attention. Comme aller à la selle, par exemple. C'est devenu un de mes souhaits les plus importants. C'est ce qui me permettrait de recouvrer ma liberté, de ne plus rester cloué sur mon lit d'hôpital, attaché à une sonde gastrique et à cette poche de lait de vache qu'on me transfuse toute la nuit.

J'ai faim et je ne peux pas manger. Voilà un mois que je ne mange pas. J'attends la levée de cette occlusion. En vain. Je bois de l'eau fraîche, du thé, du Yop, du Coca, pour avoir un peu de goût dans la bouche. Aller aux toilettes et manger : c'est tout ce que je souhaite aujourd'hui.

Je souhaite aussi de la clarté, moins de mensonges ; je n'ai plus de temps à perdre en bagarres stériles et infantiles. Je n'ai pas eu mon petit Jean le week-end dernier ; sa maman m'a dit qu'il était malade. Quand je l'ai revu plus tard, je lui ai demandé s'il allait mieux. Il a fait des yeux étonnés ; il m'a dit que la mer était belle à Saint-Tropez et qu'il s'y était bien amusé.

*

Je suis allongé dans ma chambre à la maison, je regarde la télé, je profite de mon lit, ce lit où je ne dors plus depuis trois semaines. Anissa, qui était au téléphone dans la cuisine, entre. Elle est très agitée.

— J'y ai presque cru, dit-elle.

— Qu'est-ce qui se passe ?

Elle m'explique. Arnaud vient d'appeler. Un tweet a été diffusé sur le Net, annonçant mon décès. Des camions de la télé sont déjà en route pour l'Hôpital américain de Neuilly.

Je lève les yeux au ciel : voilà ce qui se va se passer si je meurs.

Mais non. Je suis vivant, plus vivant que jamais ! Je suis dans ma chambre dans mon appartement. Je me détends en regardant un film sur le dernier combat de Mohamed Ali. Cela me donne l'énergie de me battre contre la maladie.

Aucune nouvelle de ma famille. Mon décès n'a pas l'air de les inquiéter. Ils n'ont peut-être pas pris la nouvelle au sérieux. J'apprendrai par la suite que mon père a donné aux journaux une interview disant qu'il s'inquiétait de mon état de santé, et que ce genre de rumeur lui faisait beaucoup de mal. Merci, papa. Mais je n'ai toujours pas eu de tes nouvelles !

Quand ce transit se débloquera, je mangerai comme un ogre. Je vais le chouchouter, mon transit. Le dorloter. Et surtout ne rien faire qui puisse provoquer l'occlusion.

The transit, this is it !

Pronostic vital engagé

L'annonce de la maladie est un choc. Mais ce que j'ai vécu le plus durement est d'assimiler la phrase que beaucoup d'entre nous, atteints d'un cancer, ont entendue : « Le pronostic vital est engagé. » Ce qui signifie, en somme, que l'on va mourir. C'est inévitable, imparable, irrémédiable. Même si je n'ai jamais eu besoin d'entendre cette sentence pour savoir que je suis mortel.

Je me répète cette phrase en boucle. On ne m'a pas dit : « votre pronostic vital », mais « le pronostic vital ». Il s'agit pourtant de ma vie, de ce qui reste de ma vie. En gros, c'est certainement la fin. Et si je ne veux pas, moi, que mon pronostic vital soit engagé ? Je veux le licencier, ce pronostic ! Et je prends même le risque qu'il m'assigne aux prud'hommes, je connais le chemin.

Je dois certainement être quelque part dans ce lieu qui est l'antichambre de la mort. Je vais passer de l'autre côté. Je ne veux pas y croire. J'ai deux personnes à qui je veux donner mon amour : mon fils Jean et ma femme Anissa.

Je n'ai pas peur de la mort, j'ai une peur panique de ne plus vivre. Ne plus entendre le rire de Jean, ne plus voir le visage d'Anissa, c'est pire que l'idée de la mort.

Plus une seconde à perdre. Plus une seconde à gâcher, j'en ai perdu tellement. Je ne suis pas seul, ma femme me tient la main. Je me sens fort dans ma tête, mais mon corps me rappelle à l'ordre ; je l'ai tellement maltraité, je me suis fait tant de mal. Ce corps me fait mal, il me rappelle que mon pronostic vital, effectivement, est engagé.

Ces derniers temps, je suis souvent hospitalisé. Je sors la journée et rentre à l'hôpital la nuit pour me nourrir et m'hydrater. Mon corps faiblit, je manque de protides : mon pronostic vital est engagé. On me nourrit par perfusion car mon transit recommence à faire des siennes.

Avec la maladie, la vision du monde change radicalement. Je prends conscience du bonheur, du vrai bonheur, et c'est merveilleux. Je suis heureux, très heureux, je n'ai jamais été aussi heureux dans ma vie. Peu importe l'issue : je mourrai heureux, j'ai fait la paix avec mon moi intérieur, avec mon passé. Et je suis aimé, vraiment aimé. J'étais en quête du Grand Amour, celui dont on parle dans les livres. On s'imagine qu'il n'existe pas, comme le Père Noël, mais aujourd'hui je peux vous assurer que ce n'est pas une légende. Presque la moitié d'une vie pour le trouver enfin, mais quand vous le rencontrez, c'est une nouvelle vie.

Je voudrais que mon pronostic vital dégage une bonne fois pour toutes et qu'il me laisse vivre ma vie. Ma vie, je veux ma vie, pas une fin de vie. Je ne veux pas que ça s'arrête, maintenant que je commence à comprendre comment il faut faire pour être heureux. Pas possible que ce soit la fin, maintenant que j'aime la vie, ma vie. Pas possible… C'est le pronostic vital qui est engagé et que je vais vite, vite dégager. Ce n'est pas ma vie qui va s'arrêter. Maintenant, je vis pleinement l'amour paternel et je vis pour la première fois l'Amour pour une femme; maintenant, la vie va commencer!

Il a fallu que je me fasse arrêter ce 14 septembre pour me rapprocher des vrais amis, ceux qui ne font pas beaucoup de bruit. Ceux qui n'envoient pas de fax pour un oui ou pour un non. Ceux qui ne se croient pas forcément chez eux chez vous, ceux qui ne vous disent pas à tout bout de champ que vous êtes tellement important. Ceux qui savent que l'amitié, comme l'amour, cela se prouve et se démontre par des actes simples et sincères.

Je me suis beaucoup trompé, j'ai souvent pris des voies tortueuses. Je me suis souvent fait des illusions sur moi et sur ceux qui me paraissaient proches. Je n'ai pas su voir l'essentiel. Maintenant que mon pronostic vital est engagé, j'ai un besoin vital de retrouver ceux qui, je le sais maintenant, m'ont vraiment aimé pour moi. J'ai besoin de voir, de toucher, de sentir ceux qui, s'ils savent que mon diagnostic vital est engagé, auront la volonté de s'engager à partager avec moi cette fin de vie que les paillettes ont désertée. Cette vie qui n'est plus éclairée par les rampes des projecteurs de télé, mais qui est devenue lumineuse, illuminée de l'intérieur grâce à l'amour que je donne et que je reçois.

Pour ce qui est de l'amitié, je sais aujourd'hui que j'ai souffert du manque d'une personne d'exception. Mon frère, Franck Saurat. Je regrette infiniment cette brouille qui nous a éloignés quelque temps. Là encore, j'ai été faible, superficiel. Je me suis laissé manipuler par ces parasites qui encombraient ma vie en squattant mon appartement. J'ai laissé ces parasites m'isoler, je les ai laissés bâtir un mur pour me masquer la vraie amitié. Certains murs sont porteurs; ceux-là m'ont déporté de ma vie, ces murs m'ont écroulé, m'ont fait m'effondrer.

Franck et moi portons les mêmes lunettes. Malheureusement, je n'ai pas toujours eu son acuité visuelle; j'avais des prédispositions certaines à l'aveuglement.

Avec et grâce à Franck, tout est simple, tout est clair, sans chichis et sans embrouilles. Nous nous connaissons depuis plus de dix ans. C'est un professionnel hors pair, un excellent producteur et, ce qui est plus impressionnant, son cœur est resté intact. Il est pur et loyal. C'est mon frère de cœur. J'aurais rêvé avoir un frère comme Franck. Il a toujours été là pour moi, dans les moments difficiles où tous m'ont tourné le dos, aux moments cruciaux où mon diagnostic juridique et télévisuel était engagé. Franck, merci d'avoir accepté d'être dans ma vie.

Un homme m'a accompagné pendant de très longues années: Arnaud. C'est l'une des personnes les plus loyales que j'aie rencontrées. La loyauté est la qualité que je place au plus haut dans mon panthéon des valeurs. Arnaud, ma confiance en toi est absolue. Pendant toutes ces années, jamais tu ne m'as trahi, jamais tu ne m'as déçu. Je dis souvent que tu es, toi aussi, comme un frère. J'adore ta réponse: «Merci pour le compliment, mais vu tes relations avec tes frères, j'aimerais être autre chose.» C'est ce que j'aime chez toi, ta franchise. Tu as cette qualité essentielle de ne pas m'épargner, de me dire les choses telles qu'elles sont, sans fard. Je n'ai pas eu beaucoup de relations désintéressées dans ma vie; j'ai, il est vrai, beaucoup joué de mon pouvoir. Merci de ne pas avoir été dupe de moi et, surtout, de n'avoir jamais tenté de me duper.

Si je devais mourir bientôt, je pense à ceux que j'abandonnerais certainement, malgré moi, malgré mon amour vital pour eux. Pardon de vous infliger cette souffrance qui va fondre sur vous. Je regarde ma femme. Je l'observe. Je la vois qui passe ses nuits à faire des recherches sur mon cancer, rare *a priori*. Elle me dit, si les oncologues ne trouvent pas de solution, que nous irons au centre anticancer de New York.

Elle ne dort pas. Si je lui demande de se reposer, elle me répond :

— J'ai une promesse à tenir et des kilomètres à faire avant de dormir.

Elle me cite Robert Frost, je suis heureux.

Anissa adore Franck. Tous les deux ont pris en main mon dossier médical et tous les deux mettent une énergie folle à me sauver la peau. Ma femme me répète de plus en plus souvent :

— Si jamais on se retrouve dos au mur, on ira ailleurs, aux États-Unis, en Allemagne ou en Israël. Chez des professionnels du cancer gastrique. Peut-être y a-t-il de nouvelles molécules ailleurs, d'autres combinaisons de chimiothérapie ? Il faut bien que ton argent te serve à quelque chose et surtout à te sauver la peau. Si tu dois dépenser ton dernier euro, tu dépenseras ton dernier euro !

Ma femme déplacerait des montagnes pour moi. Je la remercie souvent, elle se fâche et me répond :

— Pourquoi me remercies-tu ? Je suis ta femme et tu es mon mari.

J'adore le mot « mari », j'ai chaud au cœur quand elle m'appelle « mon mari ».

Je ne pense pas que toutes les femmes m'auraient soutenu après mon arrestation, quand j'étais au fond du trou et devenu l'objet de moqueries. Elle ne m'a pas lâché pendant cette année de désintoxication, et maintenant elle me veille jour et nuit pendant la maladie. J'ai connu des voisins de chambre seuls, sans femme, sans compagne, sans famille, alors que ma chambre grouille d'enfants, d'amis, de gens que j'aime.

Être entouré et aimé est parfois épuisant... Mais c'est tellement bon! Je vous souhaite à tous d'être entourés et aimés comme je le suis! Parfois il y a dix personnes dans ma chambre, alors s'installe un système de ronde.

JE SUIS HEUREUX...

TABLE

Cet ouvrage a été composé
par Atlant'Communication
au Bernard (Vendée)

Impression réalisée par

BLACKPRINT IBERICA

en mars 2013
pour le compte des éditions de l'Archipel
département éditorial
de la SAS Écriture-Communication

Imprimé en Espagne
N° d'impression : 250
Dépôt légal : avril 2013